Otto Funcke

Kutsche, Bahn und Schusters Rappen

Erlebnisse von daheim und unterwegs

Otto-Funcke-Lesebuch

BRUNNEN
VERLAG GIESSEN · BASEL

ABCteam-Bücher erscheinen in folgenden Verlagen:
Aussaat Verlag Neukirchen-Vluyn
R. Brockhaus Verlag Wuppertal und Zürich
Brunnen Verlag Gießen und Basel
Christliches Verlagshaus Stuttgart
Oncken Verlag Wuppertal und Kassel

Die Texte dieses Lesebuchs sind den Büchern
von Otto Funcke entnommen:
Der Weg nach Hause
Mit Otto Funcke auf Reisen

Redaktion: Brigitte Selchert

2. Auflage 2000

Umschlagmotiv: Privat
Umschlaggestaltung: Ralf Simon
Satz: DTP Brunnen
Herstellung: Ebner Ulm
ISBN 3-7655-1644-9

Inhalt

Zu diesem Buch

Pastor ist er gewesen und ein großartiger Erzähler – der 1836 als Sohn eines Arztes in Wülfrath bei Düsseldorf geborene Otto Funcke. Mit seinen Büchern erreichte er bereits zu Lebzeiten eine große Leserschaft, Menschen unterschiedlichster Herkunft und Bildung. Und das ist bis heute so geblieben.

Jedermann verständlich, warmherzig „von Mensch zu Mensch" erzählt er; heiter und mit – wie nur selten anzutreffen – echtem Humor. Dabei ist sein Leben alles andere als heiter verlaufen (nachzulesen in seinen Lebenserinnerungen „Fußspuren Gottes in meinem Leben", ebenfalls im Brunnen Verlag erschienen). Doch sein von ihm selbst so bezeichneter „praktischer" Glaube, der entschieden und kompromisslos, ungemein ehrlich gelebter Glaube war, fernab von allen theologischen Spitzfindigkeiten – dieser Glaube hat ihm die Kraft gegeben, auch in den finsteren Tälern die Fußspuren Gottes zu erkennen. Und eben diese gleichermaßen schlichte wie mutmachende Glaubensgewissheit vermittelt er seinen Lesern.

Vielleicht liegt darin das Geheimnis, das die Leser auch heute noch, fast hundert Jahre nach seinem Tod (1910), zu seinen Büchern greifen lässt, um sie mit großer Freude und hohem persönlichem Gewinn zu lesen.

Otto Funcke gehört nicht zu den Autoren, die mit großer dramatischer Gebärde das Leben seiner Leser in den Grundfesten erschüttert. Er ist ein Meister der leisen Töne, der zum Freund wird, in dunklen Stunden trösten kann, geradewegs die Herzen seiner Leser erreicht und in der Geradlinigkeit, der Frische und Aufrichtigkeit seines Glaubens überzeugenden Halt geben kann.

Brigitte Selchert

Daheim in Bremen

Da gehe ich vor kurzem auf der schönen Landstraße, die von Bremen nach Horn führt, und vor mir her tändelt so ein neunjähriges Bürschlein mit der Büchertasche an der Seite. Es war nicht schwer, ihn einzuholen, denn er nahm sich Zeit, stand hier und da ein wenig still, sah sich genau die Wagen, Pferde und Menschen an, die vorbeikamen. Wie ich ihm näher komme, höre ich, dass er ein lustiges Volkslied singt, und das wundert mich umso mehr, da er auf seiner blauen Jacke noch die Zeichen empfangener Stockhiebe trägt.

Weil wir beide einsam sind, machen wir natürlich Gesellschaft, und bald entwickelt sich zwischen dem braunäugigen Bruder Lustig und mir folgende Unterhaltung:

Ich: „Du kommst aber mal spät aus der Schule!"

Er (etwas verschämt): „Ja ... ich habe nachsitzen müssen."

„Musst du öfter nachsitzen?"

„O ja, ich kriege auch oft Dresche – heute auch; das dumme Latein will gar nicht in meinen Kopf!"

Ich: „Ja, das ist auch eine schlimme Sprache; die hat mich auch recht gequält, als ich noch so ein Junge war. Aber weißt du, wer fleißig ist, der gewinnt's endlich doch, und nachher, wenn man erst ordentlich Latein kann, lernt man alles andere leicht. Aber wohin willst du denn wandern?"

„Nach Osterholz."

„Da haben deine Eltern wohl ein Landgut?"

„Nein, da wohnt nur meine Tante, und bei der bin ich."

„Wo sind denn deine Eltern?"

Er (stolz): „In Konstantinopel! Da hat mein Vater ein Geschäft."

„Wie kommst du denn hierher?“

„Meine Eltern haben mich, als ich noch ganz, ganz klein war, nach Deutschland geschickt, dass ich hier etwas Ordentliches lernen soll. Und dann über sieben Jahre, wenn ich recht gelehrt und auch erst konfirmiert bin, schreibt mein Papa, dann soll ich auch nach Konstantinopel kommen, wo mein Papa und meine Mama und meine fünf Brüder und Schwestern sind, die ich alle noch nicht kenne – und darauf freue ich mich riesig! Neulich hat mir meine liebe Mama noch geschrieben, dann käme ich an auf dem großen Dampfer und stünde vorne am Bugspriet und winkte mit meinem Hut, und sie stünden alle zusammen am Meer und winkten auch mit weißen Tüchern. Weißt du, am Goldenen Horn, wo es so wunderschön ist, sagt meine Tante, wie im Paradies, und dann käme ich endlich an, und die Anker rasselten ins Meer, und dann würde ich auf einem kleinen Boot an den Strand fahren, und dann umarmten wir uns und küssten uns, und dann käme ich in das Geschäft meines Vaters, und dann bliebe ich immer bei ihnen. Siehst du, darauf freue ich mich so sehr und denke immer daran, wenn ich ochsen muss, und morgens, wenn ich aufstehe, und auch wenn ich Hiebe kriege, und dann werde ich immer wieder froh.“

So weit mein kleiner Reisegefährte. Ich aber umarmte ihn, der nicht wusste, wie ihm geschah. Doch ich konnte nicht anders, denn er hatte mich gewaltig beschämt.

Vorher war ich düster und trübselig gewesen, unzufrieden mit mir und mit anderen wegen allerlei Gewürm und Gewölk, und nun war es helle geworden. Das hatte ich meinem kleinen Freund mit der blauen Jacke zu verdanken.

Dieser Junge, den sein Lehrer heute sicher gescholten und zur Bekräftigung mit ungebrannter Holzasche bearbeitet hatte, hatte allen Schmerz vergessen, konnte alle Strafpredigten und Schläge überwinden in der Erwartung: Ich komme doch einmal nach Hause. Und wenn es noch sieben lange Jahre dauert, ich komme doch einmal nach Konstantinopel. Ja, dieser Junge lebte glücklich in seiner Hoffnung. Und deshalb schämte ich mich.

Ich war nun schon so alt, hatte schon so viel an anderen und an mir erfahren von Gottes Freundlichkeit, hatte gesehen, wie fröhlich und sicher die Hoffnung auf jene unvergängliche Welt macht – und nun hatte ich mich wieder durch Kleinigkeiten so verzagt machen lassen.

Und als ich mich geschämt hatte, da ging auch mir die Sonne wieder auf, ich wusste, es geht immer nach Hause. Fort mit der Kopfhängerei! Ich höre Heimatklänge – und hoffe, alle meine Leser auch.

Ja, der alte Studentenvater Professor Tholuck in Halle hat Recht: „Der Christ allein kann ganz in der Gegenwart leben, denn ihm ist die Vergangenheit durchgestrichen und die Zukunft gewiss." So ist gerade der rechte Ewigkeitsmensch ein rechter Weltmensch, wenn man das Wort Weltmensch nur recht versteht.

Und sie hat doch ihren Willen gekriegt

Eine fröhliche Taufgeschichte,
bei der man Geduld lernen kann

Es war an einem Sonntagmittag um einhalb zwei Uhr, als ich müde und matt in meiner Sofaecke saß. Ich hatte an dem Tag schon mancherlei hinter mir. Um neun Uhr hatte ich gepredigt, im Anschluss daran Abendmahl, dann Taufen in der Kirche, dann mehrere Taufen in den Häusern gehalten, dann zwei unserer Sonntagsschulen besucht und wie üblich Besuch von Leuten empfangen, die, wie sie meinten, am Werktag keine Zeit hatten, ins Pfarrhaus zu kommen. So war allerhand an diesem Sonntagvormittag zusammengekommen.

Aber das war es nicht, was mich verstimmt hatte. Ich dachte an den Gottesdienst. Nicht dass meine Predigt schlechter gewesen wäre als sonst, aber gerade als ich mitten im Feuer war, bekam ein junges Mädchen Schreikrämpfe.

Es gab viel Störung und Aufregung, bis das arme Geschöpf hinaus getragen war, und meine Glanzstelle – ein Beispiel aus dem Leben – war ins Wasser gefallen! Allmählich sammelte ich freilich die zerstreuten und verstreuten Geister wieder. Als aber nun der Gesang beginnen sollte, fand sich, dass der Balgentreter sanft eingeschlafen war, so dass der Organist wohl zehnmal klingeln musste, bis jener sich so weit ermannte, den nötigen Wind zu schaffen. Hatte nun vorher bei den Schreikrämpfen des Mädchens das Entsetzen die Leute unfähig gemacht, meine Worte in sich aufzunehmen, so war es jetzt die allgemeine Heiterkeit, die alle mühsam gewonnene Erbauung wieder verduften ließ.

Über dies alles dachte ich jetzt in schlechter Laune nach. Ich überlegte und suchte zu ergründen, ob die Ereignisse dieses Tages auf das Walten der göttlichen Vorsehung oder auf das Wirken des Teufels oder auf menschliche Bummelei zurückzuführen seien. Ich weiß nicht, ob ich schon so weit durchgedrungen war, dass ich mir klar machte, dass Gott jedenfalls mich durch solche Ereignisse demütigen wollte – weil ich es wohl notwendig hatte –, da hörte ich ein Trippeln und Trampeln vor meiner Tür.

Eine Männerstimme fragte die Köchin in echt rheinischem Dialekt: „Is der Herr – nee, ich wollt säggen – sin der Herr Pfarrer wohl ze Haus?“

Ich stand auf und sah nun, woher das Trippeln und Trampeln stammte. Letzteres ging von einem sauber gekleideten Arbeitsmann aus, der ein kleines Mädchen von ein bis zwei Jahren auf dem Arm trug. Das Trippeln aber besorgte ein blondlockiger dicker Bengel von drei bis vier Jahren, der den Vater an der Hand gefasst hatte.

„Juten Morjen, hochwürdijer Herr Pfarrer“, begann der Mann, „ich woll’ Ihne mal mit de Kinderkes besuche. – Sie kenne mer wohl nich?“

Als ich den Kopf schüttelte, sagte er: „Na, dat nehm' ich Ihnen auch jar nich übel. Ich kenn Sie abber. Wissen Sie, wo ich Ihnen jesehen habb? Neulich, als Sie dem Wirt Meier seine Frau beerdicht haben. Dat war meine Nachbarin. Die Red', die Sie jehalten haben, jefiel mich außerordentlich jut; aber am meisten hat et mer doch amüsiert, dat Sie jesacht haben, Sie würden nich eher anfangen ze reden, bis wir all unser Zijarre wechjelegt hätten. Dat haben die Kerls auch all jesacht, dat wär dat Beste an der janzen Beerdijung jewesen."

„Gut, gut", sagte ich, mühsam mein Lachen verbeißend, „aber womit kann ich Ihnen dienen?"

„Ja, Herr Pfarrer, lassen Sie mich nur emal aussprechen! Sehen Sie, mein Name ist Dierkes; ich bin aber kein Bremer, kein ‚tagen und baren Bremer Kind' (Bremer Ausdruck für einen „echten" in Bremen erzogenen und geborenen Bürger), wie se hier sagen. Nee, ich bin aus Köln am Rhein, aus der Pitterstross (Peterstraße). Sind Sie schon emal dajewesen?"

Ich nickte und rang nach Geduld. Mein beredter Landsmann fuhr fort: „Ich bin natürlich katholisch – jut katholisch. Wissen Se, Herr Pfarrer, ich halt wat auf meinen Jlauben. Dat dürfen Se mir nich übel nehmen, Herr Pfarrer. Et is ja auch eijentlich janz ejal un' einerlei, wat für 'ne Relijion mer hat, wenn man nur brav is."

Ich ließ ihn erst einmal weiterreden, denn ich hatte noch keine blasse Ahnung, was er von mir wollte. So wartete ich geduldig und nahm das blondlockige Mädchen auf meinen Schoß. Das arme Ding hatte mich nämlich ganz angstvoll angeschaut, vermutlich weil ich meinen Talar noch anhatte; vielleicht auch, weil sie ahnte, dass ein großes Ereignis in der Luft lag.

Ich ermahnte nun meinen Landsmann, zur Sache zu kommen, und dabei verfiel ich unwillkürlich auch in das rheinische Platt.

Der Mann lächelte, dass ich Kölsch konnte, und sagte, er hätte gehört, ich stamme vom Rhein – und eben deshalb wäre er gerade zu mir gekommen.

„Jesses Marr Juppes! (Jesus Maria Josef)", rief er, „ich bin schon mitten drin.“ Davon merkte ich wenig, im Gegenteil, mir schien der rheinische Landsmann recht an Weitläufigkeit zu leiden.

Ich wagte also die Frage: Falls er gekommen sei, die Kinder taufen zu lassen, warum er dann nicht seine evangelische Frau mitgebracht habe? Zaghaft fügte ich hinzu, dass ich nicht viel Zeit hätte. Aber da kam ich schlecht an.

„Hochwürdiger Herr Pfarrer“, sagte er, „ein Pastor muss Geduld haben, viel Geduld! Und sie müssen auch mich mit Geduld anhören. Warum ich mit den lieben Kindern nicht zu meinem katholischen Pfarrer sondern zu Ihnen gekommen bin, sollen Sie alles erfahren. Und warum meine Frau, das Gretchen, nicht mitkommt? Ja, das ist gerade die Pointe von der Geschichte. Aber es ist eine lange Geschichte.“

Nun, ich fasste meine Seele in Geduld. Ich versorgte die Kinder auf dem Teppich mit Bilderbüchern und etwas Naschwerk, das ich für alle Fälle immer auf Lager hatte. Dem Zimmermann und mir selbst aber bot ich eine Zigarre an, die wir auch beide annahmen. Ihm war das, wie er sagte, eine große Ehre, und mir machte es das Harren in Geduld etwas leichter.

„Vor sechs Jahren“, so hub der Mann an, „kam ich aus dem heiligen Köln hier nach Bremen. Ich wollte nämlich auswandern, nach dem Staate Illinois in Amerika. Da hatte ich verschiedene Verwandte, denen es gut ging. Darum wollte auch ich mein Glück in der Neuen Welt versuchen. Ich hatte mein Billett schon in der Tasche, und am anderen Morgen sollten wir nach Bremerhaven abgondeln und dann weiter. Aber, wie man so sagt: Der Mensch denkt und Gott lenkt.“

Ich merkte, dass die Erzählung uferlos wurde. Da der Hunger mich quälte, bat ich den guten Mann, sich kurz zu fassen. Aber er lächelte überlegen und kam wieder mit seinem unausstehlichen Spruch: „Ne Pastor muss Jeduld haben.“ Zu meiner Beruhigung teilte er mir mit, er habe bereits gegessen und sei rundherum satt.

Also, am Nachmittag vor seiner Abreise schlendert der Amerikafahrer in unserem schönen Bürgerpark herum, sieht ein ordentlich angezogenes Kindermädchen neben einem hochherrschaftlichen Kinderwagen sitzen. Die beiden sprechen miteinander, finden, dass sie vielleicht ganz gut zueinander passen würden – und er macht ihr den Vorschlag, dass sie sich heiraten sollten.

„Aber ich bleibe in Bremen", sagte sie, „ich bin ein Bremer Kind" – und für einen ordentlichen Kerl gäbe es hier Arbeit genug. Kurz und gut, er sah das ein – und die Verlobung war fertig.

Das glückliche junge Paar hatte ausgemacht, dass ihre Kinder einmal dieselbe Religion haben sollten, „damit wir keinen Streit von zweierlei Pfaffen ins Haus kriegen", lachte der Mann. Die Frau sollte bestimmen, „was für eine Sorte von Pastor" sie trauen sollte.

„Aber die Dummheit war, Herr Pfarrer, dat wir verjessen hatten auszumachen, zu welcher Relijion, zur katholischen oder zur calvinischen", sagte mein guter Dierkes. In Wirklichkeit hatten sie es wohl nicht vergessen. Jeder von beiden hatte die nähere Auseinandersetzung unterlassen in der Hoffnung, dass mit der Zeit auch Rat und mit den Ereignissen auch die Weisheit komme.

„Nun ist vor dreieinhalb Jahren ein strammer Bengel angekommen, der dicke Junge da. Die ersten Wochen war von der Taufe keine Rede. Ich dachte aber doch mein Teil, und Gretchen auch. Eines Sonnabends sagte sie: ‚Mann, der Junge soll deinen Namen haben. Morgen will ich ihn taufen lassen, natürlich evangelisch.'

Ich aber wurde ärgerlich und sagte: ‚Gretchen, ich tue dir viel zu Gefallen, aber dies nicht. Ein Junge ist ein Junge und geht natürlich mit dem Vater. Und wenn Kinder nachkommen, so werden sie auch katholisch, so haben wir es ausgemacht!' Jetzt aber machte sie ein Höllenspektakel, was sonst gar nicht ihre Art ist. Endlich rief sie unter heißen Tränen: ‚Wie dumm bist du doch! Jedermann weiß, dass gerade die Jungen immer zu ihrer Mutter halten. Also …!'

Ich schwieg traurig still, denn ich wollte keinen Streit. Aber ich blieb doch fest. Und sie auch. Und so wurde das Kind gar nicht getauft. Nach etwa zwei Jahren kam dann das kleine Mädchen an, und dies ist natürlich auch nicht getauft, denn wir wurden uns nicht einig. Und so kommt sich dat, dat diese zwei lieben, lütten Bälje noch nich jetauft sind."

Hier wischte sich der Landsmann eine Träne aus dem Auge, und das kleine Mädchen weinte aus lauter Mitgefühl und Kindesliebe mit.

Ich wurde zu Tisch gerufen und bat den Mann, nun endlich zu sagen, was er denn eigentlich wolle. Aber er ließ sich weder aus der Fassung noch in die Eile bringen. Er setzte mir auseinander, dass die Zeiten jetzt schlecht seien. Darauf, dass seine Frau heute ihren Geburtstag habe, dass er ihr bis jetzt noch immer an ihrem Geburtstag ein Geschenk gemacht habe, dass ihm aber heute, zu seinem großen Kummer, die Mittel dazu fehlten.

Meine Geduld war erschöpft, und ich bemerkte, es sei doch zu viel verlangt, dass ich ihm Geld zu einem Geburtstagsgeschenk für seine Frau geben solle.

Aber da fuhr er auf: „Herr Jesses, Marr Juppes, wer verlangt dat denn auch, Herr Pfarrer? Da kennen Sie den Dierkes schlecht. Nee, nee, Sie verstehen mer jar nich. No, dann will ich et jrad eraus sagen. Ech han jedach, Dierkes, han ich jedach, du machs deiner Frau dat schönste Jeburtstachsjeschenk, wenn du die Kinder heimlich auf den evanjelischen Jlauben taufen lässt. Un nu wissen Se, wat ich hier will, hochwürdijer Herr Pfarrer."

War das nicht ein ebenso glänzender wie zarter Gedanke des katholischen Mannes: Das Geburtstagsgeschenk an seine evangelische Frau sei die evangelische Taufe der Kinder und damit der religiöse Frieden?

Ich weiß nicht, ob dieser geniale Gedanke meinen katholischen Herren Mitbrüdern auch genial erscheint. Ich weiß auch nicht, ob es alle meine evangelischen Amtsbrüder richtig finden, dass ich dem Dierkes seinen Willen tat und die Kinder in Abwesenheit der Mutter taufte. Aber ich habe es getan, und mein Gewissen schlägt mir bis heute nicht darüber.

Ich zog mit dem Manne in die Kirche, die mit meinem Hause, nach alter klösterlicher Art, zusammengebaut ist. Am Taufstein hielt ich dann warmen Herzens eine kleine Rede über das Glaubensbekenntnis, das wir doch „mit der gesamten Christenheit“ bekennen, und im Gebet gedachte ich auch besonders des Geburtstagskindes – das sicher gerade jetzt zu Hause die Schüsseln wusch.

Diese persönliche Art war wohl mein gut katholischer Zimmermann von seiner Kirche nicht gewohnt. Sie schien ihn aber tief zu bewegen. Manche heiße Träne rollte in seinen schwarzen Bart hinab, während die Kinder den bewegten Vater mit staunenden Blicken betrachteten.

Als Dierkes Abschied nahm, drückte er meine Hand so fest, dass ich fast geschrien hätte, und sagte: „Herr Pfarrer, und wenn ich noch 24 Kinder krieg, dann sollen Sie se all taufen. Un ich dank auch!“ – Das war sehr schmeichelhaft für mich.

Mir schmeckte mein verspätetes Mittagessen nach diesem ebenso erbaulichen wie komischen Zwischenspiel ganz köstlich.

Als ich einige Tage später die Familie besuchte, saß Groß und Klein um den Mittagstisch bei einem echt bremischen Gericht (brauner Kohl mit Bratkartoffeln). Das Essen sah sehr appetitlich aus, und der ganze Haushalt machte einen höchst behaglichen und sauberen Eindruck. So sah auch Frau Gretchen aus, obgleich ich sie nicht ganz so schön fand, wie ihr Mann sie geschildert hatte. Nun, es war ja die Hauptsache, wie er sie fand.

Als er mich sah, sprang er mit einem Hurra auf und sagte: „Gretchen, das ist unser Herr Pfarrer Funcke.“ Sie begrüßte mich bremisch-steif. Vielleicht war sie auch etwas verlegen, weil sie sich nicht hatte fein machen können.

Ich ließ das aber nicht merken, sondern fragte nur, ob sie sich auch über ihr Geburtstagsgeschenk gefreut hätte.

Sie besann sich offenbar erst darauf, was ich eigentlich meinte. Dann sagte sie trocken: „Ach … so … Sie meinen wegen der Kinder?“

„Jawohl“, sagte ich. „Ich meine, dass Ihre Kinder nun doch nach Ihrem Wunsche evangelisch getauft sind.“

Sie schmunzelte, besann sich ein wenig und antwortete: „Oh

joh, ower dat wusst' ek woll, dat ek toletzt mienen Kopp dörsetten däh!" (Oh ja, aber das wusste ich wohl, dass ich zuletzt meinen Kopf durchsetzen würde.)

Ich fand die Antwort nicht gerade zart und freute mich, dass es nicht meine Frau war, die sie gab. Den Mann schienen die Worte aber nicht zu kränken. Er war offenbar an dergleichen Zärtlichkeiten schon gewöhnt und aß lächelnd und gleichmütig weiter.

Wenn ich die Frau alleine gehabt hätte, wäre sie mir nicht so bequem davongekommen. Jetzt aber sprach ich so ernst und so sanftmütig wie möglich davon, dass sie und ihr katholischer Mann ja doch *einen* Gott und Heiland hätten, dass sie und wie sie diesem Heiland ihr Leben weihen und dass sie ihm auch ihre Kinder zuführen sollten.

Als ich so sprach, hörten sie auf zu essen, auch auf die Gefahr hin, dass die Bratkartoffeln kalt würden.

Wir nahmen rührend Abschied. Frau Gretchen sagte, jetzt etwas weicher: „Herr Pastor, wir wollen alles tun."

Ich sah den Mann noch einige Male in unserer Kirche. Dann sind die Leute in einen anderen Stadtteil verzogen und meinen Augen entschwunden. Jedenfalls werde ich diese Taufe, die ein Geburtstagsgeschenk darstellte, so bald nicht vergessen.

Die innere Stimme

Lang, lang ist's her, jahrzehntelang, da ging ich eines Abends spät von Hastedt heimwärts. Ich war ganz allein. Die Straße war menschenleer, und ich eilte im Sturmschritt vorwärts. Aber eben jetzt gab es einen ganz unerwarteten Aufenthalt. Nicht dass Straßenräuber mich angefallen hätten oder dass ich gestolpert und gefallen wäre. – Nein! Es gab einen Aufenthalt ganz von innen heraus.

Ich kam an die so genannten „drei Pfähle", an eine Stelle der

Straße, wo damals nur kleine armselige Hütten standen, und an einer derselben, der einzigen, wo jetzt ein schwaches Lichtlein brannte, gab es den Aufenthalt, davon ich sagte. – Eine innere Stimme sprach nämlich sehr stark zu mir: „Du sollst in dies kleine Haus gehen!“

Nun bin ich kein Mensch, der auf innere Stimmen besonders gestimmt ist. Ich bin durch diese Art von Offenbarungen selten beglückt oder geplagt worden. Ach, ich habe nur zu oft auch erlebt, dass „fromme“ Leute sich auf dergleichen beriefen, wenn sie ihren eigenen Worten und Wünschen mehr Nachdruck geben wollten. Ja, ich habe erfahren, dass sich oft viel Hochmut, Heuchelei und Schwärmerei hinter den vorgeblich inneren Stimmen versteckten. – Aber man darf das Kind nicht mit dem Bade ausschütten. Ich hatte es doch auch schon erfahren, dass Gottes Geist mir durch einen inneren Zuspruch unerwartete und bestimmte Winke gegeben hatte. Es war mir sehr heilsam gewesen, wenn ich dann solcher Stimme folgte. Andererseits hatte es sich als ein Unglück für mich oder andere herausgestellt, wenn ich ihr, sei es aus Lässigkeit oder auch absichtlich, nicht gefolgt bin. Wir sollen solchen inneren Antrieben dann am willigsten nachgeben, wenn sie uns unbequem sind, denn solange wir noch sind, wie wir in dieser Welt sind, tragen die göttlichen Führungen meistens das Zeichen der Unbequemlichkeit.

Und so war es bei mir in diesem Falle. Ich eilte aus guten Gründen nach Hause, wo meine junge Frau mich längst erwartete. Ich selbst war auch sehr müde. Ferner sagte ich mir sehr „vernünftig“, dass ich ja die Leute, die hier wohnen, gar nicht kenne. Was sie denn wohl sagen würden, wenn ich plötzlich und ungerufen bei ihnen erschiene? Aber es half mir alles nichts, zu mächtig war der Drang. Und obgleich ich schon weitergelaufen war – ich musste umkehren.

Aber ganz traute ich der inneren Weisung noch nicht. So war es mir sehr lieb, dass ich auf den Gedanken kam, die Hütte zu betreten und die Leute zu bitten, mir Feuer für meine Zigarre zu geben. So hatte ich denn einen glaubhaften Vorwand.

Die Haustür war nur angelehnt, und niemand konnte hören, dass ich eintrat, zumal es in dem kleinen Wohnzimmer, dessen Tür auch halb offen stand, laut brüllende Kinder gab. Die saßen und knieten um die Mutter her und schrien: „Moder, wi willt awer äten! Moder, Moder, giw us Brot!" – Die Mutter, eine große stattliche Frau, saß da, bleich und verhärmt, die Augen voller Tränen. Sie hielt sich wie eine Verzweifelte die Ohren zu und rief: „O Gott in'n Himmel, wie kannst du dat ansehen? O Gott, help doch de armen Kinner! O Gott, ich glöw, du kannst nich mehr hüren!"

In diesem Augenblick trat ich in das Zimmer und bat natürlich nicht um Feuer für meine Zigarre. Nein, ich legte meine Hand auf die Schulter der Frau und sagte mit lauter Stimme: „Doch, liebe Frau, Gott kann noch hören! Er hat auch Sie erhört, und er hat mich geschickt. Noch in dieser Stunde sollen Sie und Ihre Kinder satt werden."

Mutter und Kinder waren starr vor Staunen. Sie schauten mich an wie die Träumenden.

Aber jetzt galt es zunächst, Essbares zu beschaffen. Die Frau und ich nahmen also den größten Korb, der aufzutreiben war, zwischen uns und besuchten nacheinander 1. den Bäcker, 2. den Schlachter, 3. den Kolonialwarenhändler, und 4. den Milchhändler. Die Kinder trotteten natürlich mit und bekamen gleich beim Bäcker etwas zum Beißen. Hei! Das war eine frohe Fahrt! Mein Leben lang gab's keine lustigere.

Auf dem Wege erzählte mir die Frau, dass sie erst seit kurzem so arm geworden sei. Ihr Mann wäre Omnibuskutscher gewesen. Nur manchmal habe er mal „eins über den Durst" getrunken. Plötzlich sei er „wegen einer Unregelmäßigkeit" abgesetzt. Das hätte er sich so zu Herzen genommen, dass er einen Selbstmordversuch gemacht habe. Danach sei er fortgelaufen, und sie wisse nicht wohin. So seien sie ans Hungertuch gekommen. Betteln zu gehen oder ans Armenwesen sich zu wenden, dafür sei sie zu stolz. Da wolle sie lieber sterben. Ich müsste nämlich wissen, dass sie von guten Eltern sei.

Nun, von einem, den der liebe Gott selber geschickt hatte, nahm sie doch willig etwas an, und meine Frau musste noch lange auf mich warten, denn ich konnte mich von den lustig essenden Kindern nicht trennen. O, welch ein Glück war es, das zu sehen! Auch bemühte ich mich, der Mutter und ihren Lieblingen noch ein gutes Wort zu sagen. Man hätte ja auch ganz versteinert gewesen sein müssen, wenn das nicht gelungen wäre. Selbst die Kinder sagten: „Wie hebbt doch 'nen fixen Herrgott."

Dass für die Leute weiter gesorgt wurde, versteht sich von selbst. Es war aber nicht lange nötig, denn der Hausvater stellte sich reumütig wieder ein. Mir aber glückte es bald, geeignete Arbeit für ihn zu finden – was ihn so freute, dass er dem Schnaps ewige Fehde schwur. So viel ich erfuhr, ist er seinem Schwur treu geblieben.

Die Leute an den „drei Pfählen" waren fortan meine guten Freunde, die ich oft besuchte; hatten wir doch eine große, gemeinsame Erfahrung zusammen gemacht, und der Mittelpunkt dieser Erfahrung war der lebendige Gott selbst.

Zehn Jahre später sind die Leute nach Amerika ausgewandert. Der älteste Junge, der in jener schrecklich-herrlichen Nacht am tollsten gebrüllt hatte, ist einige Jahre später von mir konfirmiert worden. Er kam dann auf die Kriegsmarine und verunglückte bei einer Explosion. Der Kommandant des Schiffes, der in dem Konfirmationsschein des Knaben meine Adresse entdeckt hatte, war so freundlich, mir zu schreiben. Er bat mich, den Eltern alles so schonend wie möglich mitzuteilen und ihnen zu sagen, dass er noch nie einen so frischen, zuverlässigen und tüchtigen Schiffsjungen gehabt habe wie ihren Sohn. Vielleicht hingen die trefflichen Eigenschaften jenes Schiffsjungen auch noch mit jener Nacht zusammen.

Ich aber bin noch manches Mal, wenn ich an den „drei Pfählen" vorüberging, durch die Erinnerung an jene Nacht in meinem Glauben gestärkt worden, denn der hat's auch oft sehr nötig. Ja, ich bin zuweilen nur nach den „drei Pfählen" gegangen, um mich an dem Anblick der elenden Hütte zu erbauen. Ja, zu erbauen. Denn sie war für mich ein Denkmal der göttlichen Vorsehung. Dass das Geschrei der hungernden Kinder und der verzweifelten Mutter von Gott gehört und erhört waren, das war und das ist mir über allen Zweifel erhaben. Wenn auch (seien es kritische oder seien es überfromme) Leute sagen möchten: „Aber was du ein Gebet der armen Frau nennst, das war ja eigentlich kein Gebet. Es war eitel Zweifel an Gott und gar ein bitterer Vorwurf und versteckte Revolution." Ich antworte, dass in diesem Gebet voller Zweifel und Zittern nach göttlichem Maßstab viel mehr Glaube war als in tausend formvollendeten Gebeten, die von Bischöfen, Priestern und Pastoren gelesen und gesungen werden. Denn der Herr sieht das Herz an, und er, der's wissen muss, kann sogar aus dem Schreien der jungen Knaben ein Gebet heraus hören.

Fest steht, dass die Frau an den „drei Pfählen" von jener Nacht an ernstlich gebetet hat, und gewiss hat ihr Mann, der gewesene Omnibuskutscher, auch davon Nutzen gehabt. Jedenfalls gilt das von dem Mann, der dieses hier schreibt.

Allerlei Reisegedanken

Reisen kann jeder, der Geld hat, aber Gottes Wunder sehen und Gottes Stimmen hören, das können nur diejenigen, die Augen und Ohren haben, und die sind nicht so dick gesät.

Ist es aber wirklich wahr, dass Gott das eigentliche Leben unserer Seele ist, so muss es auch auf Reisen wahr sein; denn auf der Reise sind wir – eigentlich ist es falsch, so zu reden – noch mehr auf Gottes fortwährende Fürsorge und Segnungen angewiesen als im gewöhnlichen Leben, wo alles in seinen gewissen und gewohnten Gleisen geht. Auf der Reise, wo man uns nicht kennt, gilt's kräftiger und häufiger noch zu beweisen, dass man wirklich dem Gott vertraut, der uns allezeit sieht und ohne dessen Willen kein Haar von unserem Haupte fällt.

Der echte Christensinn ist auch der beste Reisesinn. Auch auf diesem Gebiet liefert das Christentum den Zauberschlüssel, dessen wir bedürfen. Wer ein Kind Gottes geworden ist, der muss auch als ein Kind Gottes auf die Reise gehen. Er darf vor allen Dingen seinen Gott nicht zu Hause lassen! Es ist somit selbstverständlich, dass wir als beste „Reiselektüre" uns Gottes Wort mitnehmen.

Ich vergesse nie das Schweizer Mädel in Th., das mein auf dem Tische liegendes Neues Testament erst ehrfurchtsvoll küsste und dann lange darin las. Ohne dass sie es ahnte, hatte ich sie vom Vorplatz aus beobachtet. Dass ich die Philippusfrage: „Verstehst du auch, was du liest?" an sie richtete und nach einer Unterredung, die so lange währte, bis dreimal geklingelt wurde, das heilige Buch in ihren Händen ließ, ist selbstverständlich. –

Und wie könnte ich dich vergessen, du herziger Eseljunge mit den rabenschwarzen Augen, der mich auf seinem lustigen Tier so bequem auf die Furka beförderte? Er war, wie sich im Laufe unserer Unterhaltung herausstellte, der einzige evangelische Christ in Realp und begann schüchtern ein religiöses Gespräch mit der Frage: „Gibt's in Deutschland auch Protestanten?" Wie groß war seine Freude, als er hörte, dass sein Esel einen evangelischen Pastor trug, der dann versuchte, ihm eine noch schönere Aussicht zu zeigen, als diejenige ist, die man von der Furka aus genießt.

Man könnte ein Buch darüber schreiben, wie man auf Reisen und in Sonderheit durch Erkenntnis der Natur die Bibel verstehen lernt. Den hohen Himmel und den brandenden Ozean, Sonne, Mond und Sterne, Würmlein und Ameisen, den unerschütterlichen Felsen wie den Quell, der im Verborgenen rauscht, den hochgeschwungenen Regenbogen und die Henne, die ihre Küchlein deckt – alles, alles wandeln sie in Symbole und Gleichnisse göttlicher Dinge und Gesetze. – Und nicht anders ist's mit den Dingen und Verhältnissen, die uns im alltäglichen Leben begegnen.

Denn das „Erleben“ auf der Reise kommt nicht daher, dass einem allerlei ganz außergewöhnliche, romantische und übernatürliche Dinge begegnen, sondern daher, dass man sieht, was da ist und was um einen her vorgeht. Man darf nur nicht gleichgültig und faul, darf nicht blöde und spröde sein, wo man mit Menschen zusammenkommt. Traue ihnen nur etwas zu, und du wirst finden, dass in jedem Menschenherzen eine ganze Welt von Fragen und Wünschen, Rätseln, Märchen, Fabeln und wundersamen, interessanten Geschichten geschrieben ist.

An des Vaters Hand, des Vaters Spuren suchend in allem Geschaffenen und in allen Begegnungen – des Vaters andere Kinder ehrend in allen Menschen, die einem begegnen, mit Bruderliebe und Dienelust den Gedrückten und Traurigen sich nahend –, so reist ein Nachfolger Jesu. Und so wird die Reise ein Hochgenuss, der Leib und Seele fröhlich macht, ja, der aus der unteren in die obere Welt hinaufreicht.

Das Erkennungszeichen

Man soll immer die Sehnsucht haben, einem unbefriedigten Herzen zurechtzuhelfen. Es ist wahr, man irrt sich zuweilen arg, wenn man meint: „Da hast du jetzt einen Menschen vor dir, in dem sind die ewigen Bedürfnisse geweckt, und der verlangt nach geistlichem Trost.“

Im Salzkammergut saß mir einmal ein Herr gegenüber, der hatte ein ehrwürdiges, aber – so schien es mir – tieftrauriges Antlitz. Und jetzt seufzte er tief auf. Ich hielt es nicht länger aus und fragte mitleidsvoll: „Darf ich vielleicht wissen, warum Sie so seufzen?“

Er lächelte und antwortete: „Das will ich Ihnen mit dem allergrößten Vergnügen sagen. Ich seufze, weil die Station, wo man ein gutes Glas Bier bekommt, noch so weit entfernt ist.“

Ich war aus allen Himmeln gefallen. Ich hatte einen Menschen erwartet, der dem durstigen Hirsch gleicht, davon Psalm 42 redet, und nun ...? Nun, fest steht ja immer noch nicht, dass in dem Manne, der nur von seinem Durst nach Bier redete, nicht ein dürstender Hirsch steckte. Herausgekommen war aber jedenfalls nur eine ganz irdische Leidenschaft. Und ich war stumm gemacht.

Ja, so kann's einem gehen. Aber darum bleibt es doch so, dass der dürstenden Hirsche gar viele herumirren. Ach, auch viele, auf deren Geschrei niemand achtet, nach deren Trauer niemand fragt und die niemand zur ersehnten Quelle leitet.

Und nicht immer ist's mir ergangen wie bei dem Herrn „Bier-Mann", der so tiefverlangend aussah und doch nur ein sehr weltliches Bedürfnis hatte. Öfter fand ich auch, dass Menschen, die sehr weltförmig uniformiert waren und sich sehr modern gebärdeten, dennoch die größte geistliche Empfänglichkeit in sich trugen. Dafür nur ein Beispiel. Wer meine Reiseerlebnisse kennt, weiß, dass ich viele erzählen könnte.

Ich saß einmal stundenlang in der Post einer Dame gegenüber, die außerordentlich kokett gekleidet war und sich denn auch mit ihrer Toilette und allerlei Krimskrams und Firlefanz gar viel zu schaffen machte. Dennoch entdeckte ich in ihrem Gesicht einen Zug tiefer Wehmut. Endlich, als sie irgendetwas verloren zu haben schien und danach herumtastete, fragte ich sie freundlich und doch ernst: „Darf ich fragen, gnädige Frau, was Sie suchen?"

Sie antwortete: „Augenblicklich mein Fläschchen kölnisch Wasser; immer aber", fuhr sie schluchzend fort, „den Frieden meiner Seele! – Ihnen kann ich das wohl sagen, denn ich habe vorhin gesehen, dass Sie im Neuen Testament lasen."

Nun waren wir im rechten Fahrwasser. Ich glaube kaum, dass Philippus auf seiner Wagenfahrt an dem Kämmerer aus dem Morgenland einen besseren Schüler gehabt hat als ich an der Dame auf unserer Postfahrt. Und ich bin guter Zuversicht, dass dabei etwas für die Ewigkeit herausgekommen ist.

Die Musik der Steine

Singen! In Singen, nicht weit vom Bodensee, hatten die Leiden der Bahnfahrt ihr Ende gefunden. So machte ich mich denn auf zum „Hohentwiel", nachdem ich erst in einem kalten Bade den leidigen Eisenbahnstaub ersäuft hatte.

Seit ich Scheffels „Ekkehard" zum ersten Mal gelesen hatte, war es mein heißes Verlangen, den Schauplatz jener herrlichen Dichtung kennen zu lernen. Und dieser zweite Tag des Augustmondes war dazu wie geschaffen. Wie viel köstlicher war mir doch das Leben geworden seit der Studentenzeit, wo ich auch so viel in der Welt herumpilgerte! Freilich, der Fuß schritt nicht mehr so flink und leicht dahin, aber das Herz war so viel weiter, reicher und freier geworden. Was ich als Student mit Schmerzen suchte, das war nun längst durch Gottes Barmherzigkeit mein Eigentum geworden. So kamen mir denn auch die Menschen, die ich sah, als Miterben einer herrlichen Ewigkeit, viel liebenswerter und interessanter vor. Die Welt um mich her aber schien mir schöner als jemals und nun gar die Welt über mir, das was im Himmel ist!

So deutete ich mir denn den Namen des Ortes, von dem ich ausging, als einen Befehl von oben: „Singen! Singen!" darfst du und sollst du. So hieß es in mir, und ich sang nach Herzenslust:

„O Wandern! O Wandern, du freie Burschenlust!",
„Lobe den Herren, o meine Seele",
„Am Brunnen vor dem Tore",
„Himmel, Erde, Luft und Meer",
„Mein Schatz ist a Reiter",

alles durcheinander: Volkslieder, Choräle, Schnaderhüpfel, in buntem Gemisch, was man so insgemein „Geistliches und Weltliches" zu nennen pflegt. Ich merkte aber keinen Unterschied. Beiderlei Lieder kamen aus demselben dankbar-fröhlichen Herzen, und nicht etwa die „weltlichen Lieder" aus dem alten Adam, die Choräle dagegen aus den Registern des neuen Menschen. Nein, die einen waren mir so natürlich wie die anderen.

So wanderte ich fürbass. Vor mir lag der „Hohentwiel“ und der ganze Schauplatz des „Ekkehard“. Wie lebten da die herrlichen Gestalten, die uns der Dichter gemalt hat, vor meinen Augen auf!

In gehobener Stimmung stieg ich den Berg hinan, und schon winkte mir die freundliche Meierei, die auf halber Höhe lag. Die Alpen im Süden waren allerdings mit einem dichten Wolkenschleier bedeckt, und das war traurig. Denn meine Absicht war, von der Höhe des Twiel aus einen Einblick in die Schweiz zu tun, wie weiland Moses vom Nebo aus das Heilige Land überschaute. Dennoch wartete meiner eine Freude und eine Erquickung, wo ich sie am wenigsten ahnte. Etwa tausend Schritt nämlich unter dem Sattel des Berges, da, wo am Wege eine Menge Steingeröll aufgeschichtet liegt, fand ich zwei Herren, die im Abstieg begriffen waren, hier aber stillstanden und mit ihren Ringen, Messern und Hämmerchen einen Stein nach dem anderen sorgsam beklopften. Darüber wunderte ich mich und fragte: „Mit Erlaubnis, meine Herren, was machen Sie da?“

„Musik, Musik!“, war die lustige Antwort.

„Wieso, Musik …?“, forschte ich weiter und trat zu dem, der das freundlichste Gesicht hatte.

„So“, entgegnete er, „horchen Sie, so …!“ Dabei hielt er mir den Stein ans Ohr, während er mit seinem Taschenmesserchen daran klopfte. In der Tat, das gab einen reinen, harmonischen Klang.

„Man muss sich nur die Mühe geben, sich um die Dinge zu kümmern“, belehrte mich mein Kapellmeister. „Das hier sind ‚Phonolithen‘, also auf gut Deutsch: ‚Steine, die eine Stimme haben‘. Der kleine Audifax (im ‚Ekkehard‘) hat’s schon gewusst vor tausend Jahren, obgleich er nur ein Gänsebub gewesen ist. Sehen Sie, man muss es nur danach anfangen, muss den Stein von der Erde aufheben, verstehen Sie? … muss ihn leicht und schwebend halten … so, so … und dann daran klopfen, sanft und leise, aber auch nicht zu leise … so, so! … horch, wie fein das klingt!“

Ja wirklich, es klang, aber nicht nur in dem Stein, sondern auch in meinem Herzen. Es hatte mich etwas durchzuckt von der Fußsohle bis zum Scheitel. Der fremde Herr hatte mir, ohne es zu ahnen, mit seinem Stein eine gewaltige Predigt gehalten, die ich hoffentlich nie wieder vergessen werde. Sieh, dachte ich, da liegen die Twieler Steine wie alle anderen Steine, so stumm, so kalt, so hart, so tot, und sie sagen alle miteinander nichts. Wenn man sie aber aufnimmt und sich ihrer so recht annimmt, dann gibt's einen feinen Ton, gleich dem besten Harfenklang. Ist's nicht ebenso mit dem Menschenherzen?

Wie unliebenswürdig, wie kalt, wie verkümmert, wie roh, wie verbittert kommen uns viele Menschen vor, und in der Tat, sie sind es auch oft! Es ist nichts an ihnen, was uns anzieht und lockt. „Da ist nichts zu machen“, denken wir. Und so gehen wir an ihnen vorüber und kümmern uns nicht um sie. Wir beten zwar den schönen Spruch: „Gott will, dass allen Menschen geholfen werde.“ In der Praxis aber handeln wir tausendmal so, als wäre nicht zu helfen oder es müssten am Himmel und auf der Erde erst neue Wunder Gottes geschehen. Und doch ist in der Regel kein anderes Wunder nötig, als dass die Liebe Christi in dir lebendig wird und du mit dem Menschenherzen umgehst wie mit den Twieler Steinen.

Damals auf dem „Hohentwiel“ habe ich die Predigt, die Gott der Herr mir durch die Steine hielt, sehr wohl verstanden und auch gründlich beherzigt. Ich hatte Gott meine Einsamkeit geklagt und ihn um Reisegesellschaft gebeten. Er aber antwortete mir: „Klopfe nur an die Herzen an mit dem Hämmerlein der Liebe und des Vertrauens! Sei nicht so ein Klotz, dass du die Menschen wie Klötze behandelst, sondern handle mit ihnen als mit solchen, die ein Herz im Leibe haben so gut wie du und die ohne Gottesfrieden unglücklich sind so gut wie du. Dann wird sich's machen!“ Und es hat sich gemacht.

Auf dem Hohentwiel

Es verging nicht eine Viertelstunde, seit ich die Steine hatte klingen hören, da kam ich bei der Meierei an, die auf der halben Höhe des Berges liegt, hart an dem eigentlichen Felsen der uralten Twiel-Burg. Das ist nun noch ein Wirtshaus, wie's uns in den guten alten Tagen beschrieben wird.

Also wie ich um die Ecke biege, zu dem Wirtshaus der Meierei hin, so sitzt da unter der großen Linde ein Herr, der trotz des süßen Sonnenscheins aussieht wie drei Tage Regenwetter. Kaum hat er mich erspäht, so schießt er auf mich zu: „Gehorsamster Diener, Herr Baron. Ich grüße Sie allerergebenst, Herr Baron!"

Das war nun in meinem Leben das allererste und vermutlich auch das letzte Mal, dass man mich für einen lebenden und leibhaftigen Baron gehalten hat. Für alles Mögliche hat man mich schon gehalten ... für was alles, will ich mich wohl hüten auszuplaudern, aber bis zum Baron rückte ich an jenem Tage zum ersten und zum letzten Male auf. Die Sache belustigte mich nur, und ich lachte von ganzem Herzen. Darüber gewahrte nun mein guter höflicher Herr seinen Irrtum, wurde verlegen, kühl bis ans Herz hinan, und stotterte ganz enttäuscht: „Ah ... so ... ich hatte mich ... versehen! Verzeihen Sie, dass ich gegrüßt habe!" Und hiermit wollte er sich zurückziehen.

Ich aber dachte an den singenden Stein, reichte ihm lustig die Hand und sagte: „Verzeihen will ich Ihnen das nicht, aber herzlich danken will ich's Ihnen, dass Sie mich so freundlich begrüßt haben. Sehen Sie, ich suchte gerade Menschen, und da kommen Sie mir nun so freundlich entgegen."

„Ach, du lieber Gott und Vater", erwiderte der Mann (die meisten Leute bringen bekanntlich immer den lieben Gott dahin, wohin er nicht gehört, wo er aber hingehört, da wollen sie nichts von ihm wissen!), „ach, du lieber Gott und Vater, wie konnte ich Sie grüßen, so ich Ihnen ja nicht einmal vorgestellt bin?"

„Dummes Zeug!“ polterte ich heraus, „vorstellen hin und vorstellen her! Wozu ist das denn nötig? Sie sind allein, und ich bin allein. Bin ich auch nicht Ihr allergnädigster Herr Baron, so bin ich doch ein Mensch, und Sie sind's auch, und Menschenfresser sind wir ja wohl alle beide nicht. Ich bin ein Deutscher und Sie auch, ich ein Christenmensch und Sie hoffentlich auch. Für einen und denselben Himmel und für Gottes große Herrlichkeit sind wir beide geschaffen, und ein und denselben Heiland und Erlöser haben wir auch beide. Da sehen Sie, wie viel Gemeinsames wir zwei beide haben – Erde und Himmel binden uns mit tausend Bändern zusammen.“

Die Leser spüren an dieser trefflich fließenden Rede, dass ich, für die erste Stunde wenigstens, aus der Predigt der Steine eine heilsame Anregung empfangen hatte. Ich machte wenig Umstände mit meinem Passagier, und bald saßen wir unter der Linde gemütlich zusammen.

Doch nein, „gemütlich“ war der arme Herr nicht. Er war nicht so guter Laune, wie ich es war durch Gottes Barmherzigkeit und durch seine klingenden Steine. Aber er hatte es auch schwerer, guter Laune zu sein, als ich, dem kein Knochen und Knöchlein am ganzen Leibe wehe tat. Ihn dagegen zwickte und zwackte, peinigte, prickelte, packte und plackte es allenthalben, wie er mir vorstöhnte. Er zuckte ab und an gar kläglich und jämmerlich zusammen. Alsdann zog er seine hageren Schulterknochen schier bis an die Ohren hinauf, seufzte und sprach: „Au, au, – ach, du mein Gott! Erbärmlich, schauderhaft, gemein! Au! au! Ach, du mein Gott!“

Er redete, aber also mitnichten, um die Hilfe des lieben Gottes anzurufen, noch weniger, um ihm zu danken für den Rheumatismus und die gegenwärtigen Schmerzen als eine Liebeszucht, die auf unvergängliche Himmelslust zielt, zu preisen, sondern, wie ich bald spürte, um den „lieben Gott“ als einen lieblosen Gott anzuklagen. Er war einer jener Menschen, die nicht müde werden, von ihren leiblichen Leiden zu erzählen und wie grausam viel sie auszustehen haben. Ich aber musste schon aushalten, auch dachte ich immer noch an den Stein und war so mitleidig wie möglich.

„Ja, sehen Sie", jammerte er, „das ist nun das Leben! Das ist das schauderhafte, armselige Erdenleben. Nun habe ich mich fünfzig Jahre in diesem Weltgebäude herumgequält wie ein Karrenhund, um auf einen grünen Zweig zu kommen. Sehen Sie, als vernünftiger Mensch dachte ich so: Erst verdienst du dir so viel, dass du bequem und sorglos davon bestehen kannst, und dann genießest du dein Leben bis an dein seliges Ende. Na, lange wollte mir alles nicht glücken. Auf einmal aber kriege ich den richtigen Griff, dadurch dass ich eine Fabrik für künstlichen Dünger anlegte, und nun rutschte es, und ich habe mein Vermögen gemacht. Also, nun sollte das gute lustige Leben angehen. Aber – Prostmahlzeit! Das kam anders, wie anders! Da fuhr mir dieser unglückliche Rheumatismus in die Knochen. Das ist ein Übel, das ich nicht einmal dem Teufel gönnen will. Sie können wohl denken, dass ich alle möglichen Kuren durchgemacht habe – russische Dampfbäder, römisch-irische Schwitz- und Schauderbäder, Kaltwasserqualen, Salbadereien, Einschmierereien und Giftmischereien jeder Art –, hilft alles nichts, gar nichts!

In letzter Zeit war's mit den Schmerzen etwas mehr piano. Da hat mich dann nun der Doktor (der mich einmal gerne auf eine Zeit lang los sein will) beschwätzt, dass ich aus Norddeutschland hierhin reisen und in den Alpen herum eine Fußwanderung machen soll. ‚Erst auf den Hohentwiel!', sagte mein Doktor. ‚Scheffeln zu Ehren.' Aber ich habe den Doktor samt seinem Scheffel soeben schon dahin verwünscht, wo der Pfeffer wächst. Sehen Sie, da bin ich beim Aufstieg auf diesen heillosen Hokus-Melibokus in Dampf gekommen, dann hier oben ein bisschen Zugluft, und nun sitzt mir die Kanaille wieder im Nacken. Au – au – au! – Sehen Sie, mein Herr, so ist's mit mir gegangen. Ja, ja, das ist das Leben. Es ist nicht wert, dass man's lebt."

So schwatzte mein „Künstlicher-Dünger-Fabrikant" in tragischem Humor wohl eine geraume Viertelstunde, und ich ließ das alles still und geduldig wie ein Opferlamm über mich ergehen.

Aber ich seufzte in meinem Herzen und dachte: „Ach, lieber Gott, *der* Stein klingt aber wohl nicht." Dennoch versuchte ich es auf allerlei Art, ihn zu betupfen und zu beklopfen.

Es würde ja nun für manchen Leser sehr interessant und mir noch mehr als interessant sein, wenn ich vermelden dürfte, dass dieser Mann sich infolge unserer Unterredung bekehrt und den Herrn Christum ergriffen hätte. Aber solche Geschichten kann ich nicht erzählen. Je länger ich im Reich Gottes arbeite, desto mehr finde ich, dass es mit den Bekehrungen so schnell nicht geht und dass viele, die so schnell zustande kommen, nicht viel taugen. Dagegen ist schon viel erreicht, wenn man einen Menschen dazu führt, einmal vor sich selbst stille zu stehen, sich aus dem Dusel der hergebrachten und gewohnten Weltgedanken herauszureißen, über seinen Weg, sein Ende und sein Ziel nachzusinnen und den großen Gedanken Gottes im Evangelium überhaupt Beachtung zu schenken. Wie wenig das zu sein scheint, so ist's doch tausendmal mehr, als die allermeisten Menschen leisten; denn unsäglich groß ist die geistliche Stumpfheit, in der sie, sowohl die „Gebildeten" wie die „Ungebildeten", dahintreiben.

Ich machte also bei meinem Gichtbrüchigen auch einen Umweg, bedauerte ihn erst von Herzen und fragte dann, ob er Schiller kenne und lese.

Er: „Ei, wie sollte ich nicht? Schiller – meinen Schiller, das ist mein Heiliger!"

Ich: „Haben Sie denn wohl gelesen, was er schreibt: ‚Das Leben ist der Güter höchstes nicht, der Übel größtes aber ist die Schuld'?"

Er: „Mein Herr, Schiller war ein großer Mann, aber die Gicht hat ihn nie gepiesackt, sonst hätte er gesagt: ‚Der Übel größtes aber ist die Gicht.' Das glauben Sie mir!"

Ich: „Nun, ich glaube das gerade nicht. Aber wir wollen das einmal annehmen. Wie verstehen Sie denn aber dies, dass das Leben nicht der Güter höchstes ist? Was ist denn der Güter höchstes?"

Hier räusperte sich nun der Schillerfreund, und es entstand

eine lange peinliche Pause. Wenigstens war sie meinem Gegenüber sehr peinlich, während ich meine Gedanken hatte über die Gedankenlosigkeit unserer Halbgebildeten.

Darauf er: „Stimmen Sie denn nicht mit Schiller überein?"

Ich: „Freilich! Ich glaube, dass dieses Leben nicht des Lebens wert ist, wenn es nicht getragen ist von der Begeisterung für etwas, das mehr ist als dieses Leben."

Er: „Wieso?"

Ich: „Nun so: Was für ein elendes Ding wäre es um ein Menschenleben, wenn es auch noch so glatt und bequem hingeflossen wäre, wenn's nun mit dem Tode in ewiger Nacht und Finsternis versinken müsste? Und andererseits: Was läge denn an ein bisschen Schmerzen und Beschwerden hier unten auf Erden, wenn wir dadurch auf den Weg geführt würden, dessen Ende Himmelsherrlichkeit und ewige Seligkeit sind? Zum Beispiel, wenn Ihre Gicht Ihnen dazu diente, dass Sie einmal über sich selbst, über Ihren inneren Zustand, über Ihren ganzen bisherigen Lebenslauf, über den Zweck Ihres Daseins, über Gottes Gedanken, die er mit Ihnen hat, über Erde, Himmel und Hölle ernstlich nachdenken möchten – wäre dann nicht die heillose Gicht ein großes Heil für Sie geworden?"

Er: „Mein Herr, ich sehe, dass Sie zu den Pietisten, oder wie Sie solche Betbrüder nennen, gehören. Nehmen Sie's mir nicht übel – Sie meinen es vielleicht herzensgut –, aber ich habe mit diesen veralteten Ideen nichts mehr zu tun. Sehen Sie, von Himmel und Hölle weiß niemand nichts, aber das weiß ich, dass alle guten Menschen es einmal in der anderen Welt besser kriegen. Das ist mein Glaube und damit Punktum, streu' Sand darauf!"

Ich: „Sie rechnen sich ohne Zweifel unter die guten Menschen?"

Er (etwas verlegen): „Sie denn nicht?"

Ich: „So unverschämt bin ich nicht. Gottes Wort und mein Gewissen bezeugen mir, dass ich von Jugend auf meine Seele mit vielen Sünden befleckt habe, und ich finde bei mir selbst und in der ganzen Welt keine Seife, um sie rein zu waschen."

Er: „Nun, der Mensch kann natürlich kein Engel sein; man muss es nicht zu streng mit sich selber nehmen."

Ich: „Freilich sollen wir keine Engel sein, aber doch Menschen, rechte, reine, geheiligte Menschen, die in Gottes Gemeinschaft hineinpassen. So wie wir von Haus aus und von der Welt her sind, geht's nicht an. Mich dünkt, es ist gar nicht so unvernünftig und so unverständlich, wenn die Schrift uns sagt, dass wir einen Heiland nötig haben.

Ich glaube, wenn Sie über Ihr Herz so viel nachdächten wie über Ihre Gicht, würden Sie dem auch zustimmen müssen. Glücklich wären Sie doch nicht, wenn Sie auch von der Gicht los wären.

Es kommt dann doch bald das Stündlein, wo es Ihnen finster wird vor den Augen und wo es in den Ohren grausig rauscht und braust, wo die ganze Welt versinkt und Ihnen kein Mensch mehr helfen kann. Wäre es dann nicht herrlich, wenn über die schwarzen Wasser himmelslicht und allmächtiggroß ein Heiland nahte, der Ihre zitternden Hände in seine starke Hand legte und Ihre Ohnmacht in Kraft, Ihren Tod in ewiges Leben verwandeln könnte? Der müsste dann aber schon jetzt Ihr guter Freund werden, und mich dünkt, dazu hat Ihnen der liebe Gott die Gicht aufgepackt."

Er: „Heiliger Nepomuk, wir kommen ja in eine ganz methodistische, rührsame Unterhaltung! (Hier wischte sich mein armer Patient die Augen.) Na, man stille, so ganz Unrecht mögen Sie ja wohl nicht haben! Glauben Sie mir auf mein Ehrenwort, so ganz gottlos bin ich auch noch nicht. Früher machten sich die Leute allermeist frommer, als sie waren, heutzutage spricht man oft gottloser, als man's meint. Das ist nun einmal die Mode. Ich – ich muss freilich beichten, dass ich mich um meiner armen Seele Heil und Seligkeit noch nicht ganz viel gequält habe. Aber, was soll man machen! Man ist nun einmal so!"

Ich: „Freilich ist man so, aber man kann anders werden, als man ist! Lassen Sie mich Ihnen einmal eine Geschichte erzählen von einem, der auch so war, wie er war, und der sich deswegen selber ein Leid antun wollte, der aber nicht umsonst gefragt hat: ‚Was muss ich tun, dass ich gerettet werde?'“

Er (ganz weich): „Bitte, erzählen Sie doch. Mir sind auch schon, wenn die Gicht mich so plagte, solche verteufelten Gedanken gekommen, daß ich – nun, ich mag's gar nicht sagen; es ist doch nicht recht, so was.“

Nun erzählte und dolmetschte ich meinem Kameraden die Geschichte von dem Kerkermeister in Philippi, die in der Apostelgeschichte, Kap. 16, verzeichnet ist, und ich tat es so warm und herzlich, wie ich nur konnte.

Mein Zuhörer machte mehr als einmal eine spöttische Bemerkung dazwischen, aber ich merkte ganz gut, dass er sich damit nur gegen sein eigenes Herz wehren wollte.

Das Ende von der Geschichte war, dass er versprach, er wolle sich von nun an besser mit sich selbst und mit Gottes Wort beschäftigen; er habe eine uralte Bibel mit dickem Silberbeschlag von seiner seligen Großmutter geerbt, die wolle er nun einmal wieder vom Boden herunterholen.

Als wir Abschied nahmen, sprach ich die Hoffnung aus, dass wir uns einmal im Himmel wieder sehen würden. Der Mann schaute zu Boden, indem er mir herzlich die Hand drückte. Es war mir doch so, als ob der Stein leise klinge. Hoffentlich klingt er heute schon lauter und wird einst ewig klingen, und dann nicht mehr als ein Stein, sondern als eine lautere Himmelsharfe in hellem Saitenspiel.

Eine Räubergeschichte

Zu meinem Freund, dem Landpastor, kam eines Tages ein Kirchenältester und meldete ihm, dass der Tagelöhner Müller in der vorigen Nacht über den Zaun des Pfarrgartens gestiegen sei und einen großen Korb Äpfel von dem Baume heruntergeholt habe. Er, der Kirchenälteste, könne einen sicheren Zeugen dafür aufbringen.

„Ich danke für den freundlichen Bescheid“, sagte der Pastor. Dann ließ er sich den Müller kommen. Der trat auch ganz arglos ein, denn der Pastor bestellt ihn oft für allerlei Arbeit. Aber so war es diesmal nicht gemeint. Brüderlich erkundigte sich mein Freund nach dem Ergehen der Familie des Arbeiters und fragte insbesondere nach seinen vielen Kindern. Er sprach auch beiläufig davon, wie gern die Kinder Äpfel essen, und fragte den Mann, ob er auch Obst habe.

„Auf meinen paar Bäumen ist gar nichts gewachsen“, antwortete, schon etwas verlegen, der Gefragte. Aber der Pastor verriet sich mit keiner Miene. Mit dem heitersten Gesicht von der Welt sagte er: „Geht schnell nach Hause und holt einen Sack; den wollen wir auf meinem Boden mit Äpfeln füllen. Das wird ein Spaß für die Kinder werden.“

Der Mann wurde wie mit Blut übergossen. Aber alle Einsprache war vergebens, und bald zog der Pastor mit seinem Gast die Bodentreppe hinauf, wobei es aber schien, als ob dieser Blei in den Füßen habe.

Jetzt standen die beiden oben vor einem lachenden Haufen Äpfel. „So, lieber Müller, nun lustig dran! Füllt den Sack bis oben an und grüßt Frau und Kinder!“ – Aber länger hielt es der Dieb nicht mehr aus. Schluchzend lag der starke Mann zu den Knien des Predigers und bekannte seine Sünde. Von der Stunde an war in seinem Herzen eine offene Bahn für das Evangelium!

Der Tagelöhner hat mir, als wir einmal im Dunkeln zusammen wanderten, diese Geschichte in herzbeweglicher Weise erzählt. Seine Bekehrung verdankte er dem göttlichen Humor seines Pastors.

Man könnte ja sagen: Der arme Landpastor hätte kein Haar auf dem Kopfe behalten, wenn alle Welt in seiner Umgebung gewusst hätte, dass dieser Mann unter allen Umständen keine Klage erheben, dass er vielmehr denen, die ihn schädigten, noch etwas zugebe. Es würde nicht an Schurken gefehlt haben, die das schnöde missbraucht hätten. So könnte man sagen.

Nun, ganz so schlimm wäre es nicht gewesen. Ich kann aus Erfahrung berichten, dass die Milde und Herzensgüte des Pastors allbekannt und fast sprichwörtlich war. Aber gerade diese Herzensgüte beschirmte seine Besitzung besser als eine hohe Mauer mit Glassplittern darauf und mit einem Nachtwächter davor. Höchst selten nur hat es jemand gewagt, sich an seinem Eigentum zu vergreifen.

„'ne große Gabe"

In Württemberg gibt es allerlei so genannte Stundenversammlungen – das sind biblische Besprechungen, bei denen in der Regel kein Pfarrer zugegen ist. Diese „Stunden" sind seit langer Zeit von großem Segen für das christliche Leben, und wir möchten sie um alles nicht entbehren. Aber das schließt doch nicht aus, dass sich auch zuweilen salbungsvolle Schwätzer in die Reihen der Gläubigen hineindrängen. Und so war es in dem Ort B. Da redete ein junger Mann immer wieder, und wenn er das Wort hatte, konnte er nie das Ende finden. Er hatte ein so außerordentliches Gefallen an sich selber, dass er gar nicht merkte, wie lästig er wurde, wie niemand auf seine Worte achtete. (Ach, von allen geschaffenen Wesen kann nur der Mensch durch seine Eitelkeit so verbohrt, so selbstmörderisch verbohrt werden, dass er auch das Grunzen, Räuspern, Füßescharren seines „Publikums" noch für lauter Beifallszeichen achte.) So war es bei unserm jungen „Bruder". Aber Gott hatte bereits den Mann fertig, der ihm den Kopf ins rechte Geleise bringen sollte.

Beim Schluss der Stunde nämlich geht ein ehrwürdiger alter Weinbauer mit ihm hinaus, klopft dem Schwatzseligen auf die Schulter und sagt bedeutungsvoll und feierlich: „Lieber Bruoder, du hascht aber 'ne Gabe – du hascht 'ne Gabe!"

„So, sooo", hauchte der Angeredete, „meinscht –?", und

geschmeichelt wartete er auf die nähere Erklärung. Er hoffte, der alte Bruder würde ihm, dem jungen Bruder, das Zeugnis geben, dass er ein großes Licht in dem Herrn sei. Aber was nannte nun der Alte als die große Gabe des andern?

„Bruoder, du bischt a Rindvieh und weischt es nit!"

Er ist nicht der Einzige, dem es so geht. Das war auch ein Schwabe und sogar ein Schulmeister, der hatte in einem Reformverein mit Feuer und Gewalt wider die Dunkelmänner, Pfaffen und Pfaffenknechte gedonnert. Er schloss seine flammende Rede mit diesen Worten: „Meine Herren, was uns fehlt in unserer Zeit, meine Herren, das ist ein neuer Lessing. Verstehen Sie, meine Herren, ein neuer Lessing fehlt uns. Schad', dass i grad' keine Zeit hab'!"

Kinderaugen sehen scharf

Ein kleines Mädchen unterhielt sich mit seiner Mutter über den Himmel und erkundigte sich, welche Personen sie da wohl wieder antreffen würde. Vater und Mutter und Geschwister, das war ihr selbstverständlich. Dann fragte sie nach anderen Menschen, an denen ihr kleines Herz hing. Plötzlich wurde sie ängstlich und sagte mit bebender Stimme: „Wie wird's dann mit der Tante?"

Diese Tante war vor wenigen Wochen gestorben. Sie war der Schrecken des Kindes gewesen. Und mit Recht. Zwar rechnete diese Tante sich unter die „gläubigen Christen", ja sie machte viel Aufhebens von ihrem „entschiedenen" Bekenntnis. Aber ach, sie hatte einen sehr harten Charakter! Bei jeder Gelegenheit tadelte sie das Kind, mäkelte an allem herum und kam aus einem ewigen Gebieten und Verbieten nicht heraus.

Das stand dem armen Kinde noch lebhaft vor der Seele. Als nun aber trotzdem die Mutter meinte, die Tante würde auch im

Himmel sein, brach das Kind in Tränen aus und sagte schluchzend: „Liebe Mutter, dann mag ich nicht hinein!“

„Vater, du bist bei mir!“

Gestern Abend hatte ich auf dem Boden etwas zu holen. Mein zweijähriges Töchterlein bat mich, es mitzunehmen. Ich sagte: „Mein Kind, da ist es aber dunkel.“ Weil es jedoch bei seiner Bitte verharrte, nahm ich es auf den Arm, und wir traten in die Dachkammer, in der es stockfinster war. Draußen heulte der Sturm, und die Schiefer des Daches klirrten unheimlich. Das war etwas ganz Neues für die Kleine, und ich fühlte, wie ihr zarter Leib zitterte. Und auch ihr Stimmlein zitterte, als sie sagte: „Vater, du bist bei mir.“ Aber sie sagte doch so, und sie fühlte auch so.

Sie weinte auch nicht, als ich absichtlich mit dem Anzünden des Lichtes ein wenig wartete. Sie schlang die Ärmlein nur fester um meinen Hals und sagte noch einmal, wie um sich selbst zu trösten: „Vater, du bist bei mir.“

O heilige Einfalt!, dachte ich. Hierin liegt die Summe aller Theologie und Moral, dass wir wissen, glauben und danach uns halten, dass der Vater im Himmel bei uns ist. Ist das klar, dann sind die „dunklen Wege“ keine dunklen Wege mehr.

Späte Erkenntnis

Wie altmodisch die Verhältnisse in meiner lieben Vaterstadt Wülfrath noch waren, mag man auch daraus ersehen, dass die Leiche jedes erwachsenen Gemeindegliedes „besungen“ wurde, das heißt, sie wurde durch den Hauptlehrer und durch die erste Klasse, welche etwa hundert Schüler und Schülerinnen zählte, vom Trauerhaus abgeholt und von da durch den ganzen Ort hindurch und bis auf den Friedhof mit Gesang begleitet. Begreiflicherweise wurde auf diesen sich immer wiederholenden Beerdigungswegen sehr viel Unfug getrieben.

Die Beerdigungen fanden immer des Nachmittags statt, und so geschah es denn in jeder Woche ein- bis viermal, dass der Unterricht dadurch zerstückelt wurde. Eine gute Stunde ging immer damit verloren, und dass die Stunde vorher und erst recht die Stunde, die etwa nachher noch folgte, schwer darunter litt, versteht jeder Lehrer. Indessen es war so und blieb so, obgleich vom erzieherischen Standpunkt aus zuweilen Bedenken erhoben wurden. Es war damals noch die Zeit, in der die Schule der Kirche unbedingt unterworfen war. Und seit Menschengedenken war diese Ehre allen verstorbenen Gliedern der reformierten Gemeinde Wülfraths widerfahren (der Schullehrer bezog daraus einen Teil seiner Einkünfte), und alle Welt hörte die Kinder gern singen.

Dass wir Kinder selbst diese Unterbrechung des Unterrichts liebten, ist selbstverständlich. Wir als Söhne des Arztes wurden immer ausgeforscht, ob nicht bald einer tot wäre, und waren höchst willkommene Boten in der Schule, wenn wir berichteten, dass unser Vater dem Bauern M. oder der alten X. nur noch 24 Stunden zu leben gebe. Dazu kam, dass wohlhabendere Bürger es sich nicht nehmen ließen, sofort nach dem Begräbnis ihrer Angehörigen jedem der mitwirkenden Schulkinder einen mächtigen „Stuten" verabreichen zu lassen. Diese köstlichen, mit Rosinen und Korinthen gespickten duftenden Weißbrote wurden in ungeheuren Körben zur Schule gebracht und daselbst nach getaner Arbeit zur Ehre des Toten und zur Stärkung der lebenden hochbeglückten Inhaber alsobald verzehrt.

Nun habe ich mein Leben lang immer gern gesungen und hatte damals auch eine hübsche Stimme, die hell und klar auf die Umgebung einen guten erwecklichen Einfluss hatte. So musste ich mich denn immer in der Nähe des Lehrers halten, falls meine Gesundheitsverhältnisse überhaupt den Schulbesuch und die Leichenbesingung erlaubten.

Ich war eine seiner sichersten Stützen. Nur einmal, als man einen sehr langen Mann zu Grabe trug, sang ich gar nicht mit. Es half auch nicht, dass der Lehrer mich ernst mahnte, dann zornig anschaute. Es half nicht, dass er mir einen Puff und Knuff gab, um dadurch mein Pflichtgefühl in Tätigkeit zu bringen. Der liebe Mann entdeckte bald selbst, dass mir die Tränen in den Augen standen, und so überließ er mich meinen Gedanken und Empfindungen.

Nachher suchte er aus mir herauszukriegen, warum ich so bewegt gewesen sei. Das Weinen nämlich gehörte nicht mit zu unserm Dienst und kam auch wohl nie vor. Hier vollends handelte es sich um einen alten Junggesellen, der gar keine näheren Verwandten in der Gegend hatte und der nichts weniger war als das, was man so gemeinhin liebenswürdig zu nennen pflegt. Das Weinen, das am Grabe des Junggesellen zu einem lauten Schluchzen wurde, war also in der Tat höchst auffallend. Aber der mir sonst sehr wohlgesinnte Lehrer konnte mich weder durch Locken noch durch Schelten bewegen, ihm mein Herz zu offenbaren. Die Leser aber sollen den Vorzug haben, von dem zweiundsechzigjährigen Manne zu erfahren, warum der zwölfjährige Knabe so weinte.

In der Umgebung Wülfraths gibt's sehr viele große Teiche. Einer der schönsten liegt unmittelbar bei der Stadt und heißt der große Mühlenteich. Hier hielten wir Jungens uns begreiflicherweise sehr viel auf, ließen Schiffchen schwimmen, suchten Fische zu fangen oder wagten auch je und dann auf einer Waschbütte eine kleine Fahrt.

Das Wasser war immer mein Lebenselement, besonders das fließende. Stundenlang konnte ich bei einem rauschenden, plätschernden Mühlrad sitzen und grübeln vor Schmerz und vor Lust, obgleich ich selbst nicht wusste, warum ich so traurig oder so fröhlich war.

Nun, an diesem Mühlenteich war auch ein Waschapparat, ein in den Teich hineingebautes Holzgestell; darauf standen die Wäscherinnen und wuschen die schmutzige Wäsche aus. Das Brett nun, auf dem sie zu stehen pflegten, war einmal an einer Seite losgegangen. Man konnte also darauftreten und „wippeln", was jedes Mal einen prächtigen Schlag ins Wasser und ein herrliches Aufplätschern gab.

Genau das tat ich an dem Nachmittag, von dem ich rede, und mein Bruder Bernhard war auch dabei. Das Vergnügen war groß, und es half nichts, dass ein vorübergehender Bauersmann uns warnte, das sei gefährlich und der Teich an dieser Stelle sehr tief. Wir ließen uns nicht stören.

Da auf einmal – ein furchtbarer Krach – rack – rack –, und Brett und Buben waren tief ins Wasser gesunken. Welche Gefühle mich in diesem Augenblick der Todesgefahr bewegten, kann ich nicht sagen. Aber das weiß ich, dass ich zweimal wieder hoch kam, um zweimal wieder zu versinken. Und nun wäre es um mich geschehen gewesen, wenn nicht plötzlich eine Hand mich gefasst, herausgezogen und aufs Trockene gestellt hätte.

Der das tat, war der lange Mann, von dessen Beerdigung ich soeben berichtete. Er schüttelte mich derb und ranzte mich an: „Du dumme Blag, nu mak, dat du na Hus kömmst!" („Du dummer Bengel, nun mach, dass du nach Hause kommst!") Ich bedankte mich (hoffentlich!) und lief jedenfalls spornstreichs nach Hause.

Indessen, wie sehr es mich auch fror, so brannte es doch auf meinem Kopf – es brannten nämlich die feurigen Kohlen! Mein Lebensretter war Straßenwärter und von ganz außerordentlicher Länge, dabei schmal und dürr, nichts wie Haut und Knochen. So hatten wir Buben ihm denn den Namen „Bohnenstange" zu verleihen geruht, dem stillen Manne, der uns nie ein Leids getan, dieses spöttische Wort auch öfters nachgerufen. Der Witz war doch zu glänzend. Herr Bohnenstange hatte sich freilich so wenig darum gekümmert, als ob eine Grille gezirpt hätte. Aber gehört musste er es doch haben. – Und nun musste glücklicher- oder unglücklicherweise gerade er es sein, der mir törichtem, leichtsinnigem Buben das Leben rettete.

Wie ein im doppelten Sinne des Wortes begossener Pudel kam ich heim. Zum Glück war der Vater nicht da, aber zum Unglück hatte die Mutter eine Kaffeegesellschaft. Sie empfing den triefenden Sohn selbst, nahm ihn am Ohrläppchen und zeigte ihn nun in der Stubentür den anderen Damen. „Marsch ins Bett!", hieß es dann zu mir, und zu dem Dienstmädchen: „Mina, mach schnell heiße Kruken und Kamillentee!" Dass ich von den Herrlichkeiten der Kaffeegesellschaft nichts bekam, bedarf wohl kaum der Erwähnung.

Selbigen Tages durfte ich das Bett nicht verlassen. Aber die Mutter kam alle Mal zu uns, ehe sie selbst schlafen ging, und diesmal fand sie mich zu ihrem Erstaunen noch wach. Ich hatte nicht einschlafen können, bis ich ihr in aller Form eine regelrechte Beichte abgelegt und nichts verschwiegen hatte. Sie sagte nicht mehr als etwa dies, dass sie nicht nötig habe, von meinem Unrecht zu reden, da ich es mir schon durch den Geist Gottes hätte aufdecken lassen. Ich solle nun so viel vorsichtiger wandeln, aber auch wieder fröhlich und getrost sein vor Gottes Angesicht.

So weit war alles gut. Aber nun kommt das, was allen denen unbegreiflich sein wird, die den Trotz der Verzagtheit des Menschenherzens noch nicht kennen. Am andern Tage nämlich wanderten mein Bruder Bernhard und ich nach dem Kirschhäuschen – so hieß die Hütte, wo mein Retter wohnte. Wir trugen einen Korb, der allerlei nützliche Dinge für so einen einsamen Junggesellenhaushalt enthielt wie Tabak, Kaffee, Zucker und dergleichen. Zugleich aber auch eine quittierte Rechnung meines Vaters, der noch eine Forderung an den Mann hatte und sie nun durch die seinen Söhnen erzeigte Wohltat reichlich bezahlt erklärte. Zugleich hatte ich die strenge Weisung, mich nicht nur nochmals zu bedanken, sondern auch um Verzeihung zu bitten wegen der „Bohnenstange". Denn meine Mutter war nicht nur für Selbsterkenntnis, sondern auch wie weiland Johannes der Täufer für rechtschaffene Früchte der Buße.

Obgleich es mir nun sehr schwer erschien, den langen Mann um Verzeihung zu bitten, so hatte ich es doch der Mutter versprochen. Ich hatte auch fest vor, es zu tun. Aber wie ging's?

Der Mann war schon tief gerührt, als er den Korb auspackte. Als er vollends die quittierte Rechnung sah, machte er ein so grundvergnügtes, ja verklärtes Gesicht, wie wir es bei ihm nie für möglich gehalten hätten. Da schien es mir des Guten genug zu sein, wenn ich einfach und herzlich nochmals dankte.

Ja, ja, das junge Herrchen hatte sich zwar nicht der Sünde geschämt; wohl aber schämte es sich, die Sünde zu bekennen. Es log sich vor, der Mann erwarte ja offenbar kein Sündenbekenntnis mehr, also …! Dass er es nicht erwartete, war ja richtig. Aber das „also", die daraus gezogene Schlussfolgerung: dass es also unnötig sei, war eine echte Einflüsterung des Teufels. Dass das Bekenntnis unserer Schuld und das Verzeihung-Erbitten ein Akt ist, den wir in erster Linie ausführen müssen nicht um der anderen, sondern um unserer selbst willen, um der Freiheit und Versöhnung unseres Gewissens willen, das ist zwar eine einfache Wahrheit – aber ach, Große und Kleine, Weltweise und Narren wissen sich darum herumzudrücken.

Wie es uns zu Hause ergangen ist, vermag ich nicht zu sagen. Jedenfalls ist nicht herausgekommen, dass wir unser Schuldbekenntnis unterlassen hatten. Wären die Eltern dahinter gekommen, so hätten wir ohne Zweifel aufs Neue nach dem Kirschhäuschen traben müssen.

Ich kann über das alles heute nichts sagen. Was ich weiß, ist dies: Ich habe den Mann nicht um Verzeihung gebeten, und die Eltern haben dies Unterlassen nicht bemerkt. Ob ich mich von da an unter einem gewissen Bann fühlte oder ob ich es nach etlichen Tagen wieder vergaß, weiß ich auch nicht. Eins aber steht fest: Als bald hernach die „Bohnenstange" starb und als ich dann hinter dem Sarge herging, da brach die Wunde des Herzens auf, da stürmte es furchtbar auf mich ein: „Pfui, du hässlicher Mensch! Den braven Mann beleidigen, das mochtest du; ihn um Verzeihung zu bitten, das vermochtest du nicht, obgleich er dir das Leben gerettet hat. Du hast es nicht getan, obgleich du es selbst für Recht hieltest – du hast es doch nicht getan. Und nun hat er den Schmerz mit ins Grab genommen, und du kannst es nicht wieder gutmachen. Es ist zu spät, es ist zu spät!"

Dies alles machte sich der zwölfjährige Knabe nicht so klar, wie es jetzt der Mann sagt. Dennoch lag dies alles zusammen in dem leidenschaftlichen Schmerz, der damals hinter der Leiche und am Grab der „Bohnenstange" mein junges Herz durchwühlte.

In jener Stunde duchblitzte es mich, dass ein Mensch verloren ist, wenn Gott nicht ein neues Herz in ihm schafft. In jener Stunde durchblitzte es mich, dass die Sünde uns bis in den tiefsten Kern unseres Wesens ruiniert hat und dass wir verloren sind, wenn es nicht eine Macht gibt, die noch stärker ist als die Sünde.

Von ferne dämmerte es mir auf, was Gnade sei. Meine Mutter und die Frommen alle sprachen ja sehr oft von Gnade und Vergebung, von der Notwendigkeit der Wiedergeburt und von der Bekehrung. Aber obgleich ich ein religiös angelegtes Kind war, so hatte mich doch diese Rede meist sehr abgestoßen. Vielleicht war sie auch zuweilen ungesund und übertrieben. Jedenfalls hörte ich lieber von dem „lieben Vater im Himmel" und von seiner Herrlichkeit reden, von seiner Treue und weisen Vorsehung als von der Furchtbarkeit der Sünde. Das Wort Erbarmen wird für ein Kind selten eine große Anziehungskraft haben. Jene Minuten hinter dem Sarg aber brachten mich ein ganzes Stück weiter. Die Hüllen lösten sich von meinen Augen. Ich fing an zu erkennen, dass es allerlei innere Not gibt, die kein Mensch auf Erden verstehen, über die noch weniger irgendein Mensch auf Erden uns trösten kann – Not, Angst, Schuld, die nur der gnädige Gott persönlich von uns nehmen kann.

So wurde mir das kleine Ereignis zu einem Sporn, die vergebende Gnade zu suchen, während ich vorher im besten Fall die Liebe Gottes gesucht hatte. Auch hier erfuhr ich die große, geheimnisvolle Wahrheit, nämlich dass denen, die Gott lieben, alle Dinge zum Besten dienen müssen – alle Dinge, sogar die Sünde, wenn sie uns zur Sünde geworden ist.

Die Eseljungen von Salzbrunn

Diese Eseljungen bilden eine beachtenswerte, zwar kleine, aber pfiffige und lustige Gesellschaft, die stets voller Sang und Klang, voller Schelmerei und liebenswürdiger Nichtsnutzigkeit ist. Sie sind meist erst 9 bis 13 Jahre alt und fühlen sich mitten in der großen Badegesellschaft, von der sie ja abhängig sind, durchaus als Herren. Sie scheinen sich dessen sehr bewusst zu sein, dass ihre Esel noch eher die zarten Damen, als die Damen die Esel entbehren können.

Da stehen die kleinen Schlingel lachend und schwatzend zusammen, auf ihre Esel, die sie oft zärtlich umhalsen, gestützt. Ihre Uniform ist einfach: Die Füße sind nackt, der kleine Strohhut über den gebräunten Gesichtern ist stets mit frischen Blumen bekränzt; ein leinener blauer Kittel, darunter bei heißem Wetter oft das Hemd fehlt, eine kurze Drellhose – beides mit einem ledernen Riemen zusammengehalten, das ist ihre Berufs- und Amtstracht.

Man könnte dazu auch noch ein kleines Horn rechnen, das an ihrer linken Hüfte hängt. Es dient zu ihrer und der Esel Unterhaltung. Den nervösen Kurgästen macht es oft viele Schmerzen, denn es klingt so urzuständlich, als stammte es aus der Hand Jubals, des ersten Instrumentenmachers, „von dem hergekommen sind alle Geiger und Pfeifer“.

Fast hätte ich aber vergessen zu notieren, dass sie stets eine kleine Peitsche in der Hand tragen, die weniger dafür da ist, ihre Lieblinge zu quälen, als um auch damit Musik zu machen. Freilich ist ihnen innerhalb der Promenaden das Knallen durch Polizeiverordnung aufs strengste verboten. Sobald sie aber den letzten Baum der Anlage hinter sich haben, spotten sie jedes Gesetzes und entschädigen die reitenden Kurgäste reichlich für den Genuss, den sie durch die Grausamkeit der Regierung in dem Badeorte selbst entbehren müssen. Wenn man sie so dastehen sieht, wie sie die kleinen kurzgeschorenen Köpfe zusammenstecken, so scheinen sie fort und fort Verschwörungen und Ränke zu schmieden gegen die ganze menschliche Gesellschaft. Sie sind immer lustig und guter Dinge, mögen sie nun bei den „Herrschaften" viel oder wenig Sympathie für ihre Esel finden.

Eines Morgens ging ich, hart hinter einem feinen Berliner Herr schreitend, zu ihnen hin, mich ein wenig mit ihnen zu unterhalten. Der Herr fragte sie so von oben herab – um sich nichts zu vergeben: „Wie viel Esel gibt es hier in Salzbrunn?" Die Jungens schauten ihn groß und ehrfürchtig an. Endlich aber sagte einer ganz treuherzig: „Das kommt darauf an, wie viel Kurgäste es hier hat."

Der arme Junge wollte vielleicht nur sagen, dass je nach Bedürfnis Esel beschafft würden – vielleicht hatte er auch den Schelm im Nacken –, jedenfalls nahm der Berliner dieses Wort als Beleidigung und donnerte die Jungens furchtbar an: „Dumme, plumpe Bauernbengel! – Flegelhaftes Gesindel!" – und wie die Schmeicheleien weiter lauteten. Ich versuchte, den Bruder Kurgast eines Besseren zu belehren, aber er ging im Zorn.

Die Jungens aber ertrugen das mit himmlischer Geduld, doch in den Armesündergesichtern spielte zugleich eine solche trotzige Schelmerei und süße Halunkerei, dass ich sehnlichst einen Murillo herbeiwünschte, um die herrliche Gruppe zu verewigen.

Von da an fühlte ich mich von der kleinen Bande sehr angezogen, und da ein Pastor sich stets der Unterdrückten und Verkannten annehmen soll, so wartete ich nur auf eine Gelegenheit, nähere Bekanntschaft mit ihnen zu machen. Und diese Gelegenheit ließ nicht lange auf sich warten.

Eines Nachmittags nach getätigter Kur spazierte ich zur Wilhelmshöhe. Hinter mir her hörte ich bald ein Klatschen und Blasen, das mich „meine Pappenheimer" sicher erkennen ließ. Zwei Eseljungen beförderten auf zwei Eseln zwei Damen zu demselben Ziel, dem auch ich zusteuerte. Die eine der Schönen kannte ich nicht. Die andere war eine Frau, die aber immer noch für ein Fräulein gelten wollte, so sagte man ihr nach. Wenigstens benahm sie sich so, dass man glauben musste, sie suche erst einen

Anbeter. Mittags, wenn sie auf der Promenade lustwandelte, mit einem Elfenbeinfächer hin und her wedelnd, von ferne wie ein Rosengarten duftend, schwebte sie dahin in einer Wolke von Tüll, Mull, Batist. An Begleitung fehlte es dem vermeintlichen Fräulein nie, und sie war dann stets sehr lebhaft und schien unaussprechlich vergnügt. Vor einigen Tagen, so erzählte beim Essen eine boshafte, vielleicht neidische Dame, sei plötzlich ihr Herr Gemahl gekommen und habe ihr eine „angenehme Überraschung" bereitet. Jedenfalls war von da an ihr Inkognito gebrochen, und es mochte damit zusammenhängen, dass sie von nun an oftmals der Begleitung ermangelte.

Das steht fest, heute kam sie bloß mit einem Esel und sah trotz Abendsonnenschein und lachender Landschaft so finster aus wie das böse Wetter. Hier, außerhalb der Promenaden, konnte sie sich ja geben, wie sie war! Die Eseljungen waren selbstverständlich für sie nicht vorhanden, die andere Dame ritt voran, und dass der junge Mann, der am Wege auf dem Rasen saß und sich Aufzeichnungen machte, niemand und nichts Geringeres als die jetzt sehr ungnädige Frau selbst beobachtete, ahnte sie wohl am wenigsten.

Als ich ihr in das verstimmte und mürrische Gesicht schaute, freute sich meine Seele, dass ich nicht unter dem Regiment der schönen Frau stand. Aber die armen Eseljungen waren ihre Sklaven für die nächsten vier Stunden – sie waren ja um zehn Silbergroschen gemietet. Nun musste es sich unglücklicherweise gerade treffen, dass die beiden Freunde, die sich treubrüderlich umschlungen hielten und hinter dem seufzenden Lasttier hertrödelten, es mit dem Singen kriegten. Ihre Brust und Lunge musste, dank des Salzbrunner Wassers, sehr gesund und unverdorben sein, denn trotz der Hitze und trotz des steilen Berges sangen sie ganz kräftig und zweistimmig, zwar nicht gerade schön, aber doch herzlich:

„Ich hatt' einen Kameraden ..."

Ob nun der eselige Träger der schönen finstern Dame dachte, er sei mit dem Kameraden gemeint – oder ob die Rangordnung in dieser Zunft verlangt, dass man immer einstimmt, wenn die Herrschaften den Ton angeben – kurz, unser Esel fühlte sich gedrungen und brüllte von ganzem Herzen mit.

Nun, wer sagen wollte, diese Vermischung von Tönen wäre schön gewesen, der müsste lügen – obgleich jener demütige Esel in der Fabel ohne Erröten selbst gesagt hat:

„Ach, die Natur schuf mich im Grimme,
sie gab mir nichts als eine schöne Stimme!"

Schön war jenes Konzert nicht – auch nach meinem Geschmack nicht, aber unterhaltsam war es doch und auch rührend, dass der treue Diener seine Gebieter nicht wollte stecken lassen, sondern sie so schön begleitete. Den Jungen wenigstens, die laut lachten, und mir, der ich still lachte, war es höchst amüsant, nicht aber der Dame, die auf dem musikalischen Esel ritt. Ihr Gesicht glühte vor Zorn – der aber wohl schon vorher in ihrem Herzen war. Möglich, dass sie auch durch das Lied von dem Kameraden an einen einst gehabten, aber nun verschwundenen Kameraden erinnert wurde – jedenfalls war sie froh, einen Gegenstand gefunden zu haben, an dem sie ihren lange verhaltenen Grimm auslassen konnte. Nachdem also die letzten Klänge der Eselarie verhallt waren, als meine beiden Jungen, hinter denen ich nunmehr dicht herschlenderte, gerade den zweiten Vers ansetzten:

„Eine Kugel kam geflogen –",

da kam in der Tat eine geflogen, und zwar nicht eine Flintenkugel, sondern eine Bombe erster Qualität. Die Ungnädige wandte sich halb um. Ihr sonst wirklich schönes Gesicht hatte jetzt Züge, die an Furien und Drachen erinnerten, und sie geiferte den Jungens zu: „Ihr fatalen Schlingel – lasst ihr das Brüllen! – Mir ist nicht zum Singen!" Dann rollte es noch wie ferner Donner nach: „Teufelspack!" Mehr verstand auch ich nicht – das letzte Wort sagte sie auf Französisch. Die beiden Jungen schwiegen entsetzt, wohl noch mehr erschreckt durch die Blicke als durch die Worte, und sahen sich ängstlich an.

Was mich betrifft, so hätte ich gern die Peitsche der armen Jungen genommen und den Esel ein wenig damit bearbeitet. Ich meine aber nicht den tragenden, sondern den getragenen Esel. Denn es ist unmenschlich, ja teuflisch, fröhliche Kinderherzen so zusammenzuschrecken und zittern zu machen!

So aber machte ich mich nun an die stumm gewordenen, niedergedonnerten Jungen heran, um als Kollege der stolzen Kurgästin so viel wie möglich wieder gutzumachen, was sie verdorben hatte. Ich unterhielt mich also mit ihnen, besah mir ihre Hörner, Peitschen, fragte sie nach ihren Namen, Eltern und lobte schließlich auch ihren Gesang, und zwar von Herzen.

Sie schauten mich, fragend auf ihre stolze Dame blickend, groß an. „Ja", sagte ich, indem ich ein wenig mit ihnen zurückblieb, „die arme Frau da, die ist sehr, sehr krank, drum tut ihr das Singen weh!" Und meine guten kleinen Kerls fielen edelmütig, wie auf Kommando, beide zugleich ein: „Die arme Frau!"

Weiter fragte ich: „Ihr habt wohl nicht verstanden, was sie gesagt hat?" Aber sie hatten ihre deutschen Worte sehr gut verstanden. „Was sagte sie denn noch?" fragte der kleine Hans. Ich war in einiger Verlegenheit und hoffte damit wegzukommen, dass ich sagte: „Es ist französisch gewesen!"

„Aber Sie haben es doch gewiss verstanden! Wie hieß es denn auf Deutsch?" wollte Hans wissen.

„Nun", sagte ich – indem ich frei und psychologisch übersetzte –, „es war so viel, als wenn ich sagen würde: O, die glückseligen Jungen, wenn ich nur auch so lustig singen könnte!"

Die Knaben schauten mich etwas verblüfft und ungläubig an, doch halte ich diese Übersetzung bis auf den heutigen Tag für die Beste, die ich jemals aus dem Französischen ins Deutsche zustande gebracht habe; was freilich nicht viel sagen will. (Die eingebildete Dame hatte das Gegenteil gesagt: „Canaille infernale, que diable …")

Die weitere Unterhaltung mit den beiden Jungen zeigte mir, dass es noch ganz unverdorbene Gemüter waren. Beide waren Bergmannssöhne, Kinder armer Eltern, von denen sie aber nicht nur mit Liebe, sondern auch mit edlem Stolze sprachen. Der eine von ihnen hatte einen Bruder, der Soldat war, und an dem hing seine ganze Seele. Der andere war, wie ich am folgenden Sonntag beim Gottesdienst im Kursaal bemerkte, ein Hauptsänger bei der Liturgie. Sein höchstes Ideal war: dermaleinst das Flötenspielen zu erlernen!

Wir drei unterhielten uns nun auf dem weiteren Wege darüber, wie man's anfangen müsse, dass man immer könne fröhlich bleiben und dass man immer rechte Herzenslust zum Singen behalte. Ich zeigte ihnen, so gut ich's verstand, den Weg, ein „immer fröhlich Herz" zu bekommen. Zu meiner großen Freude konnte der eine auch das Kinderlied:

„Wen Jesus liebt,
der kann allein
recht fröhlich sein
und nie betrübt",

und dies wurde denn der Text meines Unterrichts mit den Eseljungen.

Als ich ihnen schließlich noch etwas kleine Münze gab, damit sie sich von der Wirtin auf der Wilhelmshöhe zu größerer Erfrischung ihrer Kehle ein Glas Milch könnten geben lassen, waren sie wieder so harmlos vergnügt, dass ich hoffen durfte, das Gift des Schlangenbisses sei aus ihren Herzen hinweggenommen.

Sollte aber hier jemand sagen: „Du lobst dich ja selber!", so kann ich's nicht helfen, wenn ich an jenem Nachmittag auch einmal eine gute Stunde hatte. Doch mache ich darauf aufmerksam: Dies waren ja „nur Eseljungen", deren Liebe ich eroberte. Ich habe ja als ehrlicher Mensch in meinen Reiseerinnerungen nicht verschwiegen, dass ich nicht immer in der inneren Bereitschaft gestanden habe, um Gottes Aufträge zu hören und auszuführen, die mir „unterwegs" zuteil wurden. Gewiss bin ich aber an jenem Nachmittag dem Wort gefolgt:

Geh ohn' Gebet und Gottes Wort
niemals aus deinem Hause fort!

Liebe findet den Weg

Es ist mir immer schrecklich, wenn ich höre, dass man entschiedene Christen für strenge und harte Leute hält. Ja, wenn sie echte Jünger Jesu sind, so sind sie gewiss streng gegen sich selbst, aber ebenso gewiss milde gegen andere. Wie oft ist leider das Gegenteil der Fall! Für uns selber trösten wir uns immer, dass wir einen gnädigen Gott über uns haben, dass der Heiland, der bis auf den Grund unserer Herzen schaut, der alles weiß, was wir getan haben, auch das, was kein Mensch ahnt – dass dieser Jesus uns dennoch nicht verdammt; nein, dass er unsere Sünde auf sich genommen hat. Ja, davon singen und sagen wir gern. Das ist unser Licht in den dunkelsten Stunden.

Aber ist es nicht entsetzlich, dass wir nun anderen gegenüber so schwer dieselbe Gesinnung walten lassen, zumal wenn die Sünde dieser anderen eine gewisse hässliche Gestalt gewonnen und gar uns selbst in unserem Erdenglück erheblich geschädigt hat? O wehe uns, wenn wir das Wort vergessen: „Selig sind die Barmherzigen; denn sie werden Barmherzigkeit erlangen."

Vor einiger Zeit hatte ich einen Brief zu schreiben. Die Adresse war: „An den Strafgefangenen Felix Schmidt in N."

Mein Herz war voll Zorns, wie ich meinte, voll heiligen Zorns. Dass der Mann, der, nebenbei gesagt, den gebildeten Ständen angehörte, sich gegen die Staatsgesetze schwer vergangen hatte, wusste ich lange. Aber soeben hatte ich erfahren, dass er seine treue Frau und seine lieben Kinder durch Jahre hin so misshandelt hatte, wie man es kaum einem Teufel zutrauen sollte.

Nun sollte ich an den Mann schreiben. Wie sollte ich ihn anreden? „Geehrter Herr Felix Schmidt!" konnte ich doch nicht sagen. „Lieber Herr Felix Schmidt!" wollte ich nicht sagen. Ich schrieb kurz und scharf: „An den Felix Schmidt" und dann weiter: „Mit Entsetzen habe ich gehört, dass Sie wie ein Satan ..." Da plötzlich kam mir in den Sinn: Wie würde wohl Jesus diesen Mann angeredet haben?

Ich schämte mich, zerriss den Brief und schrieb nun, wenn auch nicht ohne Widerstreben: „Lieber Felix Schmidt!" – Oder sollte ich ihn nicht lieben, da Jesus ihn doch liebt? – Dann weiter: „Durch schwere eigene Schuld sind Sie ein unglücklicher Mann. Aber durch die Gnade, die in Christus ist, können Sie noch sehr glücklich werden.

Sie haben Ihre Familie in namenloses Elend gebracht. Aber Jesus will Ihnen helfen, dass Sie sie noch einmal glücklich machen. Sie sind sehr arm geworden, aber Sie können noch reicher werden als ein König. Sie haben die ausgebreiteten Jesushände durch fünf Jahrzehnte hindurch abgewiesen. Dennoch streckt Ihnen der Heiland heute noch seine Gnadenhand entgegen" usw. –

Was war die Wirkung dieses Briefes? Nun, sie war so, dass die Engel im Himmel sich darüber gefreut haben. Ich aber musste mich schämen, dass ich, der ich so lange den Heiland kenne, dennoch erst vorhatte, mit den Donnern des Sinai und nicht mit dem stillen, sanften Säuseln dieser Seele ins rechte Geleise zu helfen. Ach, wir rühmen den Heiland und rühmen uns des Heilandes. Aber wie schwer wird es uns, den Unheiligen, so milde und verstehend mit den Menschen umzugehen, wie er tat, der doch heilig war! Aber wir müssen es in seiner Schule lernen.

Die Menschen, mit denen Jesus so freundlich und brüderlich umgegangen ist, sie begegnen uns überall auf der Straße; nicht nur die Kranken, Lahmen, Krüppel, Blinden, Tauben, Stummen, nein, auch die Zöllner und Hurer, Mörder, Ehebecher und Ehebrecherinnen – ja, auch die Dämonischen, aber uns fehlt der Blick, weil uns so oft die Liebe fehlt.

In einem amerikanischen Gefängnis saß ein Raubmörder, der sich auch in seinen Ketten noch durch sein trotziges, verstocktes, unnahbares Wesen schrecklich machte. Jeder Appell an sein Gewissen, jeder Bußruf, jedes Wort, das ihn auf den Heiland der Sünder hinwies, hatte nur seinen Spott hervorgerufen. Da trat eines Tages ein ehrwürdiger Herr mit weißen Haaren in seine

Zelle. Der sprach mild und mitleidig zu ihm und sagte unter anderem: „Es ist doch eine unendliche Liebe Gottes, dass er für solche Sünder, wie wir sind, seinen Sohn dahingegeben hat!" Und siehe, dieses Wort löste den Bann des starren Herzens; es war wie Sonnenschein, der das Eis zerschmelzen lässt.

Wie wird man seine Verstimmung los?

Es gibt Tage in jedem Familienleben, da scheint sich alles verschworen zu haben, um die Menschen aus der inneren Stille und Harmonie herauszubringen. Um deutlich zu reden, will ich persönlich reden. Tausende von Lesern werden dann bald an eigene ähnliche Erlebnisse denken.

Also: Eines Morgens in diesem harten Winter kam ich aus meiner Schlafkammer, in der ich aber diesmal leider wenig Schlaf gefunden hatte. So stand denn der Tag mit seinen vielen Geschäften wie eine unlösbare Aufgabe vor meinen müden Augen.

Ich war aber noch nicht die halbe Treppe hinunter, als meine Kleinsten mir schon entgegenstürzten: „O Vater, Vater, denke, in der vergangenen Nacht ist die Wasserleitung geplatzt, und soeben erst hat man es bemerkt. Man kann im ganzen Keller Kahn fahren, das Wasser steht da einen halben Meter hoch. – Torf, Kartoffeln, Gemüse, Holz, Flaschen, Körbe, Butter – alles schwimmt herum."

Und so war es. Was aber die Kleinen herrlich erfreute, das verbesserte natürlich meine Stimmung nicht. Wie viel ich auch zu tun hatte – jetzt galt es, Klempner und Arbeitsleute zu beschaffen, die alles wieder in Ordnung brachten. Dazu war der Schaden groß. Und die Dienstboten machten verzweifelte Gesichter.

Kaum saß ich an meinem Schreibtisch, so kam ein Bittender, der alle Zeichen des Lügners und Heuchlers an sich trug. Und ich kann's nicht helfen – aber schon in gewöhnlichen Tagen hat jede Art von Heuchelei mich immer sehr aufgeregt. Und nun gar heute! – Während dieser noch redete, kam eines der Kinder angehinkt. Es war auf dem glatten Boden gefallen und hatte den Fuß verstaucht.

Aber nicht genug. „Guten Morgen, Herr Pastor!", sagte der Postbote. Er brachte viel mehr Briefe, als ich wünschte. Nun, das pflegt er immer zu tun. Aber unter den vielen Briefen, die ich nicht wünschte, waren zwei, die Strafporto kosteten – deshalb kam der Mann herein –, darunter einer, den ich geradezu verwünschte, ein Brief mit höchst ärgerlichem Inhalt. Er war ganz danach angetan, den Tropfen abzugeben, der das volle Wasserglas zum Überlaufen bringt. Und es wäre auch wohl tatsächlich übergelaufen, da meldete sich ein lieber Mann, der zunächst auch nicht gerade erwünscht war.

„Herr Pastor", sagte er, „Sie haben am letzten Sonntag so kräftig über den Glauben gepredigt!"

Aha! Das packte mich. Also ich hatte kräftig über den Glauben gepredigt, und jetzt, o weh, war ich im Begriff zu glauben, dass – der Teufel die Welt regiere! Theorie und Praxis!

Der Mann bat mich, ihm einen von mir in der Predigt angeführten Vers aufzuschreiben. Es war dieser:

„Geber aller guter Gaben,
festen Glauben möcht' ich haben,
wie ein Meerfels unbewegt,
wenn an ihn die Woge schlägt."

Und ich schrieb. „Du bist mir ein schöner Meerfels!", sagte ich mir stille und musste lachen. Gott sei Dank! Solch Lachen über sich selbst ist mehr als Gold wert, ja es ist oft so viel wert wie Tränen über sich selbst.

Als mein guter Versesammler, der diesmal, ohne es zu ahnen, Engelsdienste an mir getan hatte, die Tür hinter sich gelassen hatte, schloss ich sie zu und machte sie so bald nicht wieder auf. Und als ich sie wieder öffnete, war in meinem Arbeitszimmer Sonnenschein, obgleich es draußen schneite. Jetzt erschien ich so heiter, als ob unser Keller voll edlen Weins gelaufen wäre. Ich konnte jetzt scherzen über die kleinen Widerwärtigkeiten, die mir vorher dummerweise groß erschienen waren. Hätte ich aber nicht die Stille in Gott gesucht – ja wer weiß, was an dem Tage noch geschehen wäre. Denn ein verstimmter Mensch ist ein gefährliches Wesen. Ich mag gar nicht sagen, wie gefährlich.

Also wenn wir spüren, dass es uns in der Welt zu toll wird, so sollen wir sofort mitten in der Welt der Welt entfliehen und die heilige Stille suchen. Wir brauchen uns dieses Bedürfnisses auch durchaus nicht zu schämen. War es doch sogar unserem Heiland oft (sehr oft, wie jeder Bibelleser weiß) ein tiefes Bedürfnis, in der Welt der Welt zu entfliehen, auch der Arbeit zu entfliehen und nach Leib und Seele Ruhe zu suchen da, wo alle Stimmen der Menschen schwiegen und wo er nur noch die Stimme des Ewigen hörte. Ob das eine stille Kammer oder eine einsame Bergeshöhe, ob es die ruhige Wasserflut oder ob es eine Wüste war, kommt dabei nicht in Betracht. Und wenn der Heiland es für nötig fand, die Einsamkeit zu suchen – wie viel mehr wir!

Nicht die Mütze macht den Christen

Ich bekam einmal einen Brief von einem alten philosophischen Flickschuster, einem echten Kollegen des weiland Jakob Böhme, der ein Schuster, Philosoph und Theologe in Görlitz war, trotz aller Professoren und Universitäten. Der moderne Doppelgänger des Jakob Böhme also schrieb mir einen Brief, dessen Länge an die Ewigkeit erinnerte und womit ich deswegen den ungeduldigen Leser verschonen muss. Aber wahrhaft klassisch war, wie er seinen Christenlauf mit einem Gymnasialkursus verglich, von dem ihn sein Sohn, der eine Freistelle auf dem Gymnasium besaß, unterrichtet hatte. Er schreibt:

„Zuerst, als ich aus dem Tierischen herauskam (da ich wie meine Ziege nur für die Welt lebte), wurde ich von Gott in die Septima versetzt. Ich kam nämlich unter die separierten Altlutheraner. Das war Septima, gerade weil ich meinte, es sei Prima, und alle anderen Christen wären in der Septima. Ich hätte darauf sterben können, dass alle Menschen, die in den Himmel eingehen wollten, zuvor separierte Lutheraner werden müssten. Ich hatte ‚alle Erkenntnis' fix und fertig, aber ich hatte der Liebe nicht, und darum war es nichts.

Als ich nun merkte, dass unter den anderen Lutheranern auch gute Christen seien, wurde mir Septima zu eng, und ich kam in Sexta, wo mein Herz etwas weiter und der Himmel etwas größer wurde. Aber Gottes Wort und Luthers Lehre waren mir noch ein und derselbe Klang, und alle Reformierten und Unierten nannte ich Sakramentsschänder.

Da kam ich durch Gottes Fügung und meine Neugier einmal in eine reformierte Kirche, und hier wurde ich so zur Buße erweckt wie noch nie zuvor. Ich blieb ein guter Lutheraner, aber ich achtete auch die gläubigen Reformierten für Brüder, und was das Beste war, jetzt kam ich ‚auf eigene Glaubensfüße'. Ich hielt mich nicht mehr an Menschen, sondern forschte in der Schrift. Und so kam ich nach Quinta, dann nach Quarta und vielleicht auch bis in Obertertia, was ich nicht weiter beschreiben will.

Letzthin habe ich einen alten, kranken Mann kennen gelernt, den der Schuh allenthalben drückt, der aber immer ganz fröhlich seinen Weg wandelt, obgleich er wegen seiner Gebrechlichkeit liegen muss. Ich fand, dass dieser alte Mann in Prima ist. Als ich ihn nämlich fragte, ob er lutherisch, reformiert oder katholisch sei, lächelte er ganz schelmisch und sagte: ‚Ich bin ein Kind Gottes durch Jesus Christus, meinen lieben Heiland.'

Und in der Tat, man spürt, dass er ein Kind ist, denn er handelt mit Gott wie ein Kind mit seinem Vater, er geht bei Christus aus und ein wie ein Bruder, macht alle Menschen fröhlich, die ihm in die Augen sehen, und kann Gott und Menschen für alles, reinweg für alles, danken."

So weit mein alter Flickschuster, dessen Bericht ich gekürzt habe.

Die Anwendung möge sich jeder selber machen! Es gibt im Reiche Christi hier und in der Herrlichkeit keine reservierten Plätze – weder für Bischöfe noch für Generalsuperintendenten, weder für Könige noch für Päpste, weder für Staatskirchler noch für Freikirchler noch für irgendeine besondere Kirchengruppe! Es gibt im Himmel auch keine besondere Klasse für irgendeine Rasse, für irgendein Volk – denn in dem einen Bekenntnis sind alle Erlösten gleich, in dem einen sind alle einig, wie verschieden sie auch auf Erden gewesen sind: „Du hast uns gewaschen mit deinem Blut, du hast uns gezogen mit deiner Gnade!“

Warum zanken wir uns dann noch „auf dem Wege“?

Ein Kabinettsgeheimnis der Kinder Gottes

„Der Trübsal sich rühmen“ – das ist für die allermeisten Erdenkinder eine fremde Weisheit, dunkler noch als alle Hieroglyphen auf den ägyptischen Monumenten. Ja, sie halten diesen Ruhm für lauter Schwindel und Verrücktheit. Des Rühmens ist freilich genug in der Welt, und es gibt schlechterdings nichts, dessen die Menschen sich nicht rühmen.

Aber „der Trübsal sich rühmen“, das ist eine fremde Weisheit. Freilich, wenn die Trübsal kommt, lügt man sich was vor, solange es angeht, und manche Menschen haben darin eine Wissenschaft, als ob sie schon hundert Jahre vor ihrer Geburt darauf studiert hätten. Sie trösten sich, dass „die Zeit alle Wunden heilt“ oder dass „nach dem Regen die Sonne wieder scheinen wird“. Oder sie geben die Parole aus: „Nichts merken lassen!“ und ziehen ihr Gesicht ins Lachen, während das Herz darüber zerbricht.

Wieder andere stürzen sich in die Freuden und Lüste oder

auch in die Arbeiten und Geschäfte des Lebens hinein, um die Trauerglocken nicht zu hören, die in dem eigenen Herzensgrund und rings um sie herum klingen. Aber was hilft's – ein Krebsschaden ist doch ein Krebsschaden, wenn man ihn auch mit einer goldenen Krone zudeckt.

Mag es aber so oder so sein, man kann's alle Tage in Hütten und Palästen sehen, dass es mit allem Rühmen zu Grabe geht, wenn die Erdstützen unter großem Krachen zerbrechen. Und das ist auch kein Wunder; denn das Rühmen der Trübsal ist ein Mysterium und ein Kabinettsgeheimnis derer, die ein verborgenes Leben durch Christus mit Gott kennen und darin wirklich den Aufgang der ewigen Sonne geschaut haben. Konfuzius und Buddha, Homer und Plato, Seneca und Cicero samt den übrigen Weisen aller Zeiten haben davon nichts gewusst. Darum, wie viel Schönes und Herzerhebendes sie übrigens auch geschrieben haben – den Menschen, die in der „Trübsal“ waren, wussten sie nichts Tröstliches zu melden, sondern nur: Man dürfe sich dadurch nicht unterkriegen lassen, und wenn es einmal nicht anders zu machen sei, müsse man mit Mannhaftigkeit und Heldenmut untergehen.

Die Bibel aber, die man so gern als das „schwarze Buch“ der Menschheit hinstellt, ist das Trostbrünnlein, das für alle Traurigen Wasser die Fülle hat. So haben auch die christlichen Sänger aller Zeiten aus dieser Quelle geschöpft. Was einzig und allein das Lied „Befiehl du deine Wege“ für stillen Trost und Frieden in zerrissene Herzen gebracht hat, ist mehr, als was die großen heidnischen Dichter aller Jahrhunderte zusammen der Menschheit geleistet haben. Das muss auch ein Todfeind des Christentums zugeben, ob er gleich die Zähne zusammenbeißt.

„Wir rühmen uns auch der Trübsal.“ Der Apostel Paulus hat das nicht etwa in einer Stunde gesagt gesagt, da er in den Himmel entrückt und verzückt war, oder sonst in einer ganz besonders gehobenen und geweihten Stimmung. Er war ein Mann der Schmerzen wie wohl keiner vor ihm und nach ihm. Wer noch nicht Bescheid davon weiß, der lese einmal, was er bloß im

2. Korintherbrief darüber meldet (Kapitel 4, V. 7 bis 11; Kapitel 11, V. 23 bis Kapitel 12, V. 9). Das lies du einmal langsam, so langsam und nachdenklich, leidend und mitbetend, dass dir eine Stunde darüber hingeht, und die Haut wird dir schaudern. Du wirst dann zugeben, dass wir es hier mit einem Fachmann und Sachverständigen zu tun haben, der wissen musste, was er sagte, wenn er sich in der Trübsal rühmte.

Nur, dass wir ihn nicht missverstehen! Die Trübsal war auch ihm Trübsal und das Gegenteil von Labsal, und er hat darüber viel gezittert und geweint, hat auf den Knien und auf dem Angesicht liegend mit Gott gerungen, dessen sich sogar unser Heiland selbst nicht geschämt hat.

An und für sich ist das Leiden dem Menschen etwas Unnatürliches. Wir bäumen uns alle dagegen, und dass wir das tun, ist ein Zeichen unserer verlorenen Herrlichkeit und Freiheit. Zur Freude waren wir geschaffen, bis wir durch des Teufels Tücke ins Verderben gerissen wurden. Da wir aber allzumal Sünder sind, steht unerschütterlich und unverrückbar über dem Wege aller Gotteskinder geschrieben, dass sie durch viel Trübsal müssen in Gottes Reich eingehen. Es ist bitter, dass sie das müssen, aber tröstlich ist, dass sie jedenfalls hindurchkommen und nicht darin stecken bleiben und dass sie dadurch für Gottes Reich voll ewiger Freiheit und Herrlichkeit bereitet werden sollen.

Alles, was nur die Oberfläche deines Lebens berührt oder was schwer drückt, aber nur für einen Augenblick, ohne tiefere Herzenswunden zu hinterlassen, das darf man nicht Trübsal nennen. Trübsal ist das, was einen innerlich beengt und zusammenschnürt, was einen nicht nur verletzt, sondern was ans Leben geht und den Bestand unseres Erdenglückes tief erschüttert oder gar zertrümmert.

Man muss sich also nur ja nicht darauf vertrotzen und versteifen, dass Gott der Herr uns das solle erfahren lassen, was wir wünschen; denn auch mit unseren heiligsten Wünschen sind wir sehr oft „auf dem Holzwege“. Nur das sollen wir ins Auge, Herz und Gebet fassen, dass wir – so oder so – mit unserem Gott und

Heiland inniger und gründlicher eins werden. Die Welt wäre längst untergegangen und die Menschen hätten sich längst untereinander aufgefressen, wenn nicht die Zucht der Leiden die bösen Leidenschaften gedämpft und so viel köstliche Tugenden ans Licht gefördert hätte.

Sogar für Paulus also bestand die Gefahr des geistigen Hochmuts, der „Pfahl" aber stellte den Blitzableiter dar, und bei wie vielen ist es nicht ebenso!

Paulus wurde trotz seines heißen Flehens nicht von dem Pfahl im Fleisch erlöst, aber Jesus Christus redete persönlich mit ihm, redete so mit ihm, dass er nun still und getrost sein Leid tragen und sich an der Gnade Gottes genügen lassen konnte. So sang der leidgeprüfte Christian Gregor:

„Ach, mein Herr Jesu, dein Nahesein
bringt süßen Frieden ins Herz hinein,
und dein Gnadenanblick macht uns so selig,
dass Leib und Seele darüber fröhlich
und dankbar wird."

Und so geht's auch noch; wie ich denn einen lieben Bruder gekannt habe, der hatte lange, lange Jahre vergeblich um Stillesein und Geduld gerungen. Da – es war in einer Stunde, als er das heilige Abendmal empfing – wurde die Macht und Liebe Gottes so mächtig in ihm, dass er tief aufatmend mit Freudentränen im Auge rief: „So, nun bin ich darüber, nun will ich's, nun kann ich's tragen, und ob's noch dreißig Jahre wären!" Es waren glücklicherweise nicht mehr dreißig, aber immerhin noch drei Jahre, während deren er's tragen musste. Aber er bewies es durch sein Lieben im Leiden, dass er wirklich „darüber" war. – Wenn wir so viel Gnadenkraft empfangen haben, dass wir den Willen Gottes, auch den dunklen, unverstandenen Willen Gottes lieben und loben und ihm den Götzen Eigenliebe zum Opfer bringen können – das ist herrliche Erfahrung.

So ist also das Leiden der höchste Beruf des Menschen, weil wir da den Willen Gottes lieben lernen können wie nirgends anders.

Im Leiden muss es sich also zeigen, ob wirklich und wahrhaftig die innersten Wurzeln unseres Lebens in Jesus und nicht in der irdischen Umgebung liegen.

Ein Rebhuhn hält die Weihnachtspredigt

An dem Morgen eines „Heiligen-Abend-Tages" saß ich im Jahre 1863 als junger Prediger auf meiner Studierstube im Pfarrhaus zu Holpe, einem stillen, tief in Bergen versteckten Dörflein, vor meiner Bibel. Ich hatte viel weißes Papier vor mir, aber wenig war beschrieben. Denn wie viel ich schon studiert hatte, auch in den vorigen Tagen, so wollte es sich doch gar nicht fügen. Und doch sollte ich in den drei folgenden Tagen nicht weniger als fünfmal predigen. Darum war das Herz traurig und beschwert. Denn das ist ein angstvoller Jammer für einen Prediger, wenn's also geht, sintemal die Glocken zur Kirche rufen, wenn die Stunde schlägt, ohne den Prediger zu fragen, ob es ihm auch paßt.

So war ich sehr niedergeschlagen – und ich hatte auch andere Gründe dazu. Denn das Pfarrhaus, darin Sang und Klang die Fülle wohnte, war in ein Trauerhaus verwandelt, und seine Harfe war zur Klage geworden.

Die Mutter war hinweggenommen worden, und mein Kind war zum zweiten Mal ohne Mutter. Wohl flüchtete ich zu meinem Knaben und auf das reizende Lockenköpfchen flossen meine Tränen. Aber es hatte keine Ahnung davon, warum die Tränen flossen. Doch mein Herz erstarrte mehr und mehr, und es schien mir unmöglich, die frohe Botschaft vom Heiland anderen zu verkünden.

Und an dem Morgen, von dem hier die Rede ist, durchstürmte allerlei Jammer meine Seele, denn ich gedachte der vergangenen Tage, wie man es besonders an solchen Festtagen zu tun pflegt. Und so wollte sich mir das Studieren nicht fügen, aber desto besser fügte sich das Herz klagend, weinend und bettelnd in das Herz des reichen Vaters hinein, der so fern wohnt und zugleich so nahe ist allen denen, die ihn anrufen. „Hilf, du mein Erbarmer! Hilf, lieber Vater im Himmel, auf irgendeine Weise!“, so zitterte es aus der beengten Brust. Und wieder erfuhr ich, dass dieser Vater es ernst gemeint hat mit seinem wunderlichen Versprechen: „Ehe sie rufen, will ich antworten – ehe sie reden, will ich hören!“

Ein leises, schüchternes Klopfen an die Tür der kleinen Studierstube wurde erst überhört. Dann wurde es lauter und kräftiger.

„Herein!“

Die Tür öffnete sich langsam, und zögernd trat ein Mädchen, das ich ein halbes Jahr vorher eingesegnet hatte, ins Zimmer. Sie hieß Luise und war armer Leute Kind. Ihre Tracht war bäuerlich, doch sauber, ihr Angesicht war immer fröhlich, und in ihrem Augen lachte ein Schalk. Freundlich grüßte sie und setzte dann einen kleinen weißen Handkorb neben dem Stuhl ihres Pastors auf die Erde.

„Ich wollte doch“, sagte sie sanft errötend, „auch gern meinem lieben Herrn Pastor ein kleines Christkindlein bringen!“

Ich dachte nicht anders, als das Mädchen bringe einige Äpfel oder Eier, wie das auf dem Lande wohl geschieht, und wollte den Korb öffnen. Das Kind aber rief lachend und abwehrend: „Lassen Sie den Korb zu, sonst fliegt es heraus!“

„Was fliegt heraus?“, fragte ich.

„Das Feldhuhn!“

Tatsächlich: Es war ein lebendiges Rebhuhn in dem Korb; heil und ganz, ohne dass ihm ein Gliedlein gekrümmt war, ja ohne dass auch nur eine Feder fehlte; und zwar war es ein sehr fettes Exemplar dieser Rasse, wie man es selten sieht.

Die Sachverständigen und Jagdkundigen unter den Lesern werden sich nun wundern, woher das Mädchen ein lebendiges, unversehrtes Rebhuhn genommen hatte. Denn diese Tiere sind sehr menschenscheu und schwer zu fangen, zumal sie’s wohl im Gefühl haben, dass keine Aussicht vorhanden ist, von den Menschenkindern behaglich zu Tode gefüttert zu werden.

Die Leser mögen sich nun wundern, so ernstlich sie vermögen – es war wirklich ein Rebhuhn. Und sie werden sich noch mehr wundern, wenn sie hören, wie die kleine Luise zu diesem Eigentum gekommen war. Lassen wir sie selbst berichten. Die folgende Erzählung kam aber nicht so glatt heraus, wie sie hier folgt, sondern sehr stotterig und stolperig, und etliche Tränen liefen auch mit hinein. Das Kind erzählte also:

„Monatelang dachte ich immer: Könntest du doch deinem Pastor, der so traurig ist, etwas zu Weihnachten schenken. Aber Sie wissen wohl, Herr Pastor, wie arm wir sind, sodass ich nichts kaufen kann. Äpfel hatten wir dies Jahr auch nicht, und die Hühner haben noch nicht angefangen zu legen. Darum konnte ich auch meinen Eltern gar nicht sagen, was ich wünschte. So habe ich denn den lieben Gott darum gebeten und ihm gesagt: Er könnte mir ja doch wohl etwas schenken für meinen Pastor. Er sei ja so reich und mitleidig, ich wollte es ja nicht für mich haben! Aber er gab mir alle die Zeit nichts. Da wurde ich denn sehr traurig und immer trauriger, weil ich meinte, er höre mich nicht.

Endlich heute früh, als alle anderen noch schliefen, machte ich das Feuer an auf der Diele und dachte immer wieder dasselbe. Die halbe Tür war offen – unten war sie zu, und oben war sie offen, damit ich sehen könnte. Auf einmal flog dies Rebhuhn über die untere Tür herüber, setzte sich zu meinen Füßen und ließ sich ganz gemächlich von mir fangen, als hätte es mich lange gekannt. – Nun wusste ich gleich: Das hat dir der liebe Gott zum Weihnachtsgeschenk für den Pastor gegeben! Und hier ist es."

So erzählte das Mädchen. Mit niedergeschlagenen feuchten Augen stand sie da, und sie war anzusehen wie ein Engel unseres Gottes, ja mir erschien sie auch als Bote Gottes.

Hier ist nunmehr nicht not, noch viel zu reden. Die gelehrten Herren, die so beweisen werden: Es war Zufall, dass das Tier in das Haus fliegen musste, und zwar gerade an dem Tage, wo das Kind es nötig hatte – und es war Zufall, dass das Mädchen zu dem Pastor kommen musste gerade in der Stunde, wo er es so blutnötig hatte – und es war Zufall, dass die beiden um ein absonderliches

Weihnachtsgeschenk gebeten hatten und sich dies alles nun so traf – ich sage, die Herren, die so philosophieren, fahren mir zu hoch, als dass ich sie widerlegen möchte. Das aber weiß ich: So diese zufälligen Herren nebst Genossen eines Tages ans Weltregiment kommen sollten, so wird alles Volk der Menschenkinder vor Gähnen und Langeweile und Schlafmützerei zugrunde gehen.

Ich sage nur das: Wie die Sache zugegangen ist, das weiß ich nicht. Dass sie aber so geschehen ist, das weiß ich. Und wie es gekommen, dass das Rebhuhn so feinhörig, so menschenfreundlich, ja so fromm war, auf die Bitte des Bauernmädchens zu hören und allerdemütigst seinen Kopf hinzuhalten, das weiß ich nicht. Dass aber das Kind zu Gott geschrien hat, das weiß ich. Wer sich aber am meisten gefreut hat jenes Tages und am lustigsten gesungen: das Bauernmägdlein, das vorher so besorgt, oder der Pastor, der vorher so traurig war, das weiß ich auch nicht – dass sie aber beide noch haben ihre Kämmerleintür zuschließen und mit ihrem Gott reden müssen – weil sie vor Freuden miteinander und dann noch ein jedes für sich geweint haben, das weiß ich aus guter Quelle. Denn manches weiß der Mensch, und manches weiß er nicht; einiges begreift er, und anderes begreift er nicht. Wer aber nicht mehr ergreift als er begreift, der ist übel genug daran. Ich möchte nicht mit ihm in einem Hause wohnen und noch weniger den letzten Auszug mit ihm machen.

Doch noch ein Wort zu unserer Geschichte! Von da an, dass das Mägdlein in dem Pfarrhaus gewesen ist, war der Prediger nicht mehr traurig, sondern sehr fröhlich und guter Dinge. Was konnte er dafür, wenn ihm die Raben in den Sinn kamen – jene Raben, die vor grauen Jahrhunderten dem Propheten Elia Fleisch und Brot brachten in den Tagen der Teuerung? Das durchzuckte mich wie mit Himmelsgewalt. Und nun auf einmal war ich im Zentrum. Die Verzagtheit musste dem Geist hoher Freudigkeit weichen. Mein Haus erklang von Dank und Lobgesang.

Das göttliche „Wunder" hatte mich dann auch zu einem Christfestprediger gemacht, wie er sein soll. Niemals, seit die Welt steht, wird wohl ein Rebhuhn zur Erbauung der Gemeinde gewirkt haben wie dies, das mir die kleine Luise brachte. Aber hinter dem Feldhuhn stand die betende Liebe des armen Kindes. So hat das Rebhuhn mitgepredigt in den Weihnachtstagen, obgleich es schon abgeschlachtet war.

Versteht sich auch, dass ich kein Wörtlein von der Geschichte sagen durfte. Das aber durfte und musste ich sagen: Wie selig es sei, ein Kind zu sein im Reiche Gottes! Und weil ich durch die Rebhuhngeschichte selbst mehr Kind geworden war, so konnte ich auch in großer Freudigkeit rühmen von jenem andern Kind, das in einer Krippe lag und doch aller Himmel Himmel füllte. Da ist's denn gar ein lustig, lieblich Weihnachtsfest geworden in den dunklen, stillen Bergen, und wer sich an dieser Geschichte miterfreut und erquickt hat, der hat wohl getan. Besser aber noch tut der, der mit David diese Summe zieht: Das ist mir lieb, dass der Herr meine Stimme und mein Flehen hört – darum will ich mein Leben lang ihn anrufen!

Warum muss es auch gerade heute so regnen?

Ja, so fragen sehr oft die Stadtleute, wenn sie sich wer weiß wie viele Wochen lang auf eine Landpartie gefreut haben, und kaum sind sie draußen, so gießt es den ganzen Tag wie mit Mulden herunter. Die schöne Landpartie aber wird nun zu einer Wasserpartie, ohne dass man einen Kahn oder Dampfer zur Verfügung hätte.

Warum muss es doch auch gerade heute so regnen?, fragen noch öfter die Landleute, und oft mit Tränen. Das Heu war so schön trocken geworden, und gerade heute wollten sie mit vier Pferden und zwei Ochsen mächtig daran, es einzufahren. Alles war darauf gerüstet, und nun schwimmt das Heu auf der Wiese herum, und der Schaden lässt sich gar nicht berechnen.

Und dergleichen Regenwetter in dieser Welt ist ohne Zahl, auch wenn kein Wasser dabei ist, und alle Tage muss der liebe Gott sich schulmeistern lassen durch die kleinen, armseligen, fragelustigen Menschenkinder: „Warum, warum, warum?“

Vor vielen Jahren, als ich noch Landpfarrer im Gebirge war, sollte ich einmal eine Predigt halten auf einem Gustav-Adolf-Feste in L. Der Ort war von meinem Dorf sechs Stunden weit entfernt, und der Entschluss, die Predigt anzunehmen, war mir sehr schwer geworden. Denn im eigenen Hause hatte allerlei Jammer und Trübsal Quartier gemacht. Doch weil es mir klar wurde: Mein Herr schickte mich – so musste ich wohl wandern.

Der Weg führte durch wilde, zerrissene Berge, weite, dunkle Wälder, tiefe Schluchten und Täler. Ich musste einsam wandern und mich von Ort zu Ort durchfragen. Morgens war das Wetter sehr freundlich gewesen, und so schien alles ganz in der Ordnung zu sein. Denn so sind wir: Sind wir uns bewusst, dies und das tust du gegen deine Natur aus reinem Gehorsam, so meinen wir, nun müsse auch alles klappen und Gott müsse unser untertänigster Diener sein. Ja, so töricht sind wir!

Also, der Tag hatte gut angefangen. Aber gegen Mittag zogen finstere Wolken auf, und bald ergossen sich Regenströme, wie sie seit Noahs Tagen zur Seltenheit gerechnet werden. Es wurde fast finster am Mittag, die Gebirgspfade wurden zu Wasserstraßen, und der müde Reiseprediger konnte seinen Fuß bei jedem Schritt nur mit Mühe aus dem Kot herausziehen. Kein Faden seiner ganzen Kleidung war trocken geblieben – noch aber war das Reiseziel drei Stunden weit entfernt; es schien ihm unmöglich, hinzukommen, und doch musste er hin und gar noch predigen.

Dass sein guter Humor dabei einen gründlichen Stoß erlitt, ist ja begreiflich, und dass er gar mürrisch und trotzig fragte: „Warum muss es gerade heute so regnen?“, wird auch nicht wundernehmen. Kurz, alles war in Aufruhr. Die Füße aber waren so müde wie das Herz, und er hieß eine kleine Hütte, die am Wege stand, tief im Tal, herzlich willkommen und trat ein.

In einer niedrigen, ärmlichen, aber sauberen Stube saß eine

junge Frau mit einem Kindlein an der Brust. Die Frau sah blass aus, und in ihrem Auge war ein tiefes Weh geschrieben. Sie empfing mich kühl, setzte mir aber doch einen hölzernen dreibeinigen Schemel an den warmen Ofen, in dem die Kartoffeln für den Hausvater, einen Bergmann, gekocht wurden.

Um mit der Frau in ein Gespräch zu kommen, sagte ich: „Beste Frau, was haben Sie da für ein liebliches Kindlein!"

Nun ist es ja in der Regel so, dass man nur von den Kindern zu sprechen braucht, um der Mutter Herz und Zunge zu lösen. Das war auch hier so, aber ganz anders, als ich erwartet hatte.

„O Herr", antwortete sie, indem sie leidenschaftlich auffuhr, „ein liebliches Kind!? Sehen Sie doch nur, das Kind ist ja blind, es ist blind geboren!"

Dies rief sie mit einem gellenden Schmerzensschrei aus, dann sank sie matt zurück, und ein Strom von heißen Tränen brach aus ihren Augen und floss hernieder auf das Knäblein, das sich dadurch aber gar nicht stören ließ.

Ich konnte lange kein Wort sagen, konnte nur mittrauern und mitweinen. Denn man soll nie Trostworte sagen, ehe man die Not des andern verstanden und sich dahinein versenkt hat. Man kann nur trösten mit dem Troste, mit dem man selbst vorher getröstet worden ist. So saß ich denn lange still, seufzend und fragend nach solchem Trost, der Kraft und Leben ist, bis mir die Bergmannsfrau selbst auf die Spur half.

„Ja, Herr", sagte sie, „das Schlimmste dabei ist, dass ich doch gewiss auch die Schuld daran habe. Denn so etwas kann nur der Eltern wegen über die Kinder kommen. Die Kinder sind ja unschuldig. Nun habe ich mir schon seit vier Monaten Tag und Nacht den Kopf zerbrochen, womit ich wohl in solcher Weise gegen Gott gesündigt habe, dass ich eine so unglückliche Mutter …" Hier erstickte ihre Stimme vor Tränen.

Als sie endlich stiller wurde, bat ich sie, mir einen Augenblick zuzuhören. Ich erzählte ihr: „Vor nun bald neunzehnhundert Jahren, da lebte einmal ein sehr weiser Mann, ein großer Prophet und Gottesgelehrter, der alle Dinge bis auf den Grund verstand.

Eines Tages ging er mit seinen Schülern über die Straße, da wurden sie angebettelt von einem unglücklichen Menschen, der blind und – wie sie bald hörten – blind geboren war. (Jetzt lauschte die Frau und sah mich gespannt an.) Einer der Schüler fragte den weisen Lehrer: ‚Meister, wer hat gesündigt, dieser oder seine Eltern, dass er blind geboren ist?'"

Absichtlich unterbrach ich mich nun und fragte: „Oh, vielleicht kennen Sie diese Geschichte schon?"

Sie aber fuhr auf: „Nein, nein, sagen Sie, was hat der Prophet geantwortet?"

„Er hat geantwortet", sagte ich: „Weder dieser hat gesündigt, noch seine Eltern, sondern dass die Werke Gottes offenbar würden an ihm. Verstehen Sie das, liebe Frau?"

Offenbar erleichtert, aber suchend und fragend, schaute sie mir tief ins Auge: „Nein, Herr, ich verstehe es nicht, aber wenn Sie es verstehen, dann sagen Sie es mir doch!"

Nun zog ich mein Neues Testament aus der Tasche und setzte mich zu der Frau an den Tisch, wie weiland Philippus sich zu dem Kämmerer auf den Wagen setzte. Und wenn jener Kämmerer ein dankbarer Zuhörer gewesen ist, während Philippus ihm die Wege und Heilsabsichten Gottes deutete, meine Bergmannsfrau war es nicht minder. Auch darf ich hoffen, dass, so wie jener Blinde (von dem im Johannesevangelium Kapitel 9 erzählt wird) eben durch seine Blindheit Jesus fand – dass auch diese Frau durch ihr blindes Kind zu dem geführt worden ist, der da spricht: „Wer mir nachfolgt, der wird nicht wandeln in Finsternis, sondern wird das Licht des Lebens haben."

In aller Einfachheit versuchte ich ihr den Weg zu dem ihr noch unbekannten Heiland, der durch die Seile der Trübsal zieht, aufzuhellen. In jener Stunde flossen viele, viele Tränen, wie auch vorher schon. Und doch waren es andere als früher. Aus den Schmerzenstränen wurden Freudentränen, und aus den Tränen der Verzweiflung wurden Tränen selig ahnender Hoffnung.

Unsere Bibelstunde dehnte sich ziemlich aus. Denn so ein dürstendes, an sich selbst verzweifelndes Menschenherz, das die

Quellen des Lebens noch nicht kennt und nun zum ersten Mal hingeführt wird, ist des Schöpfens nicht so bald müde wie die Leute, die so reich sind und gar satt haben.

Es war drei Uhr Nachmittags, als die kleine Versammlung aufgelöst wurde. Der Regen strömte noch immer herunter, der Kot war noch tiefer als vorher – einen gründlichen Schnupfen fühlte ich schon heranrücken –, drei Stunden Wegs lagen noch vor mir, aber Leib und Seele waren mir gar fröhlich geworden in dem lebendigen Gott! Denn ein versprengtes Vöglein Gottes hatte ein Haus gefunden, nämlich „deine Altäre, Herr Zebaoth, mein König und mein Gott“. Meine matte, mürrische Seele war licht und hell geworden ob solcher Freude und Ehre, die mir widerfahren war.

Und wodurch war ich in die Hütte und in die Unterredung mit der Frau gekommen? Ach, wie musste ich rot werden und hätte in den Boden sinken mögen vor Scham. Dank, Dank, mein Gott, für den gnädigen Regen! Verzeihe das Murren und Klagen deines törichten Knechtes!

Beim Abschied bekannte ich der Frau, dass ich recht verdrießlich gewesen sei über das Unwetter und immer gefragt habe: Warum muss es doch auch heute so regnen?

„O lieber Herr“, rief sie freudig aus, „das weiß ich wohl!“

„Ja“, sagte ich, „jetzt weiß ich es auch. Nicht wahr, von nun an wollen wir fleißig daran lernen, alles dankbar zu nehmen aus unseres Gottes Hand, auch wenn wir es gar nicht verstehen? Er schickt das äußerliche Unwetter, damit es innerlich Frieden werde, er schickt die äußerliche Blindheit und allerlei Nacht, damit es in der Seele licht werde.“

Ein Händedruck, ein Abschiedswort – und ich war wieder im Regen. Aber wie ganz anders als vorher!

Bis auf diesen Tag habe ich nicht erfahren, warum es nachher noch weiter geregnet hat! Und auf tausend andere Warums, die unter viel Tränen gefragt sind von mir und von anderen, habe ich noch keine Antwort empfangen; aber ich bin des guten Mutes und möchte gern, dass auch die lieben Leser im Blick auf ihre

Fragezeichen guten Mutes wären. Eines Tages ist die Verwandlung da, und die Antworten Gottes werden Lust und Wonne sein.

Wie einer im Tode lebendig wurde

Über das Thema „Als ich noch Landpastor war" oder „Was einem Landpastor alles vorkommt" könnte auch ich ein recht anziehendes, teils ergötzliches, teils erschütterndes Büchlein schreiben, das dann auch leicht ein dickes Buch werden möchte. Da könnte ich, was die Ergötzlichkeit betrifft, erzählen, wie ich bald den Erbschichter und Erbteiler machen, bald die verhexten Kühe wieder in Ordnung bringen, heute Leute vom Hexenschuss kurieren, morgen für eine appetitlose Ziege Medizin geben sollte – könnte davon erzählen, wie eines Sonntagmorgens ein katholischer Grobschmied zu mir kam, der ganz verzweifelt war wegen seines gräulichen Zahnwehs. Er hatte davon gehört, dass ich eine homöopathische Apotheke besäße, und bat mich, ihm trotz seines andern Glaubens zu helfen, dann solle ich auch von seinen sauren Kirschen ein ganzen Teller voll haben.
Da ich gerade im Begriff war, zur Kirche zu gehen, und die Glocken schon ausgeläutet hatten, so gab ich ihm die kleine Apotheke und das Buch der Weisheit, worin die Gebrauchsanweisungen waren, mit. Zugleich musste ich ihm traurigen Herzens enthüllen, dass mir die Mittel meiner eigenen Apotheke noch nie geholfen hätten.

Nach der Kirche kam der Mann wieder und erzählte mir freudestrahlend, er habe sich zwar in dem Buche nicht zurechtfinden können, aber er habe zwei der kleinen Fläschchen bis auf den Grund ausgetrunken, und nun sei von Zahnweh keine Spur mehr vorhanden. Solange ich in Holpe Pastor war, hat der Mann nie wieder Zahnweh gehabt, ich aber habe drei Jahre jedes Mal im Monat Juli ein Körbchen saure Kirschen von ihm bekommen. Ob man diese wahre Geschichte für oder gegen Homöopathie anwenden kann, bleibt dem Urteil des Lesers überlassen.

Oder ich könnte erzählen, wie ich einmal eine Leichenpredigt vor dem Sterbehause hielt und gerade anfangen wollte, den Verstorbenen ein wenig zu loben, was sonst ganz und gar nicht meine Sache und Art ist. Da bewahrte mich ein Schwein vor dieser Sünde. Schon vorher hatte ich ein Grunzen gehört, und jetzt brach die Bestie plötzlich mitten durch den Kreis der Andächtigen hindurch und gerade auf den Sarg zu. Als aber die entsetzten Zuhörer (die nun keine Zuhörer mehr waren) mit großer Mühe das Tier an Ohren und Schwanz wieder fortgeschafft und dahin gebracht hatten, wohin es gehörte, hatte ich den Wink von oben, der mir in Gestalt eines Schweines erschienen war, längst verstanden, und die Lust zum Loben war mir gründlich vergangen und ist's auch heute noch.

Solcherlei könnte ich viel erzählen, aber das Interessanteste in der ganzen Welt und auch in der Pfarrei Holpe sind doch nicht die Schweine, sondern die Menschen.

Es war im August 1864, da feierten wir ein herrliches Missionsfest in der Gemeinde Nümbrecht bei meinem Freunde Jakob Engels, von dem ich in meinen Lebenserinnerungen berichtet habe. Morgens hatte ich erst auf meiner Kanzel gepredigt und war dann auf dem Rösslein meines lieben Bürgermeisters in der Mitte eines hellen Haufens von Gemeindegliedern, die zu Fuß gehen mussten und nichtsdestoweniger ein fröhliches Lied nach dem andern sangen, nach Nümbrecht geritten, das etwa drei Stunden von meinem Pfarrdorf entfernt war. Dort hatte ich denn auch erst in der Kirche und nachher im Walde zu der feiernden Menge geredet, und zwar so recht mit Herzensfreudigkeit. Als wir aus dem Walde in das Pfarrhaus meines Freundes Engels heimkehrten, war ich erklärlicherweise so recht von Herzen müde. Wie freute ich mich darauf, nachdem ich monatelang von allem Freundesverkehr abgeschnitten war, nun den Abend im Kreise lieber Freunde und Brüder zuzubringen!

Allein diese Freude sollte nicht erfüllt werden. Kaum hatten wir uns niedergesetzt und mit einer Tasse Kaffee erquickt, so hörten wir Pferdegetrappel vor der Tür. Bald trat ein junger Bursche herein, der mich in sehr aufgeregten Worten bat, doch schnell aufzusitzen und ihm nach dem vier Stunden weit entfernten Hofe P. in der Gemeinde R. zu folgen. Er sei erst in Holpe gewesen und hätte mich endlich hier gefunden. Ich müsse auf alle Fälle kommen. Sein Herr, der Bauer W., liege im Sterben, und er habe gesagt, wenn ich nicht käme, so sei er des Teufels. Schon seit Mittag schrie er immer dasselbe, auch hoffe er, von mir das heilige Abendmahl zu empfangen.

Ich fragte, warum man nicht einen der viel näher wohnenden Pfarrer aufgefordert habe. Allein der Bursche erklärte, gerade ich müsse es sein, von einem andern wolle sein Herr jetzt nichts wissen. Alle Einwendungen halfen nichts. Eine Viertelstunde später saß ich auf dem groben, dicken, ungelenken Gaul mit all meiner Müdigkeit und Abspannung des Leibes und der Seele. Mein Begleiter schritt rüstig neben dem Pferde her, so ging's in die schöne warme Mondnacht hinein, durch Berg und Tal, Wald und Feld.

Mir kamen auf meinem Gaul allerlei Gedanken. Der kranke Bauer gehörte einer meiner Nachbargemeinden an. Da der dortige Pastor kränklich war, hatte ich ihn öfter vertreten. Eines Sonntags hatte ich über den Text gepredigt: „Die Sünde ist der Leute Verderben", und zwar recht anschaulich und mit Beispielen und Geschichten.

Unter meinen Zuhörern waren auch mehrere Säufer und Spieler. Der Schlimmste unter ihnen, der gar ein böses Leben hinter sich hatte, war der, zu dem ich jetzt gerufen wurde. Diese Leute hatten gemeint, ich hätte sie genau gekannt und hätte meine Worte gerade auf sie gemünzt. Darüber waren sie denn in hellen Zorn gekommen. Besonders der, der jetzt im Sterben lag, hatte geschworen, „ich solle lebendig nie wieder die Kanzel in R. betreten, und wenn er mich einmal zu fassen kriege, so werde er mir …", doch das will ich lieber nicht hinschreiben.

Der Leser kann sich also denken, wie ich erstaunt war, dass

gerade er mich zu seinem Seelsorger auserkoren hatte. Einen Augenblick war ich sogar misstrauisch und dachte daran, man wolle mir eine Falle legen, aber ich wusste, dass ich „unter dem Schirm des Höchsten sitze“ und auch reite und dass er mich behüten werde auf diesem meinem Wege, weil es auch sein Weg war. Auch erzählte der Bursche so herzbeweglich von dem Jammer, Angstschweiß und Angstgeschrei seines Herrn, dass ich bald aller Zweifel ledig war.

Mir fiel ein, dass ich mit dem kranken Manne schon vor jener Predigt einmal bei Gelegenheit einer Taufe zusammengetroffen war. Im Verlauf des Gesprächs hatte ich damals unter anderem geäußert: „Wer nicht dafür sorgt, dass er einmal mit gutem Gewissen sterben kann, der ist ein Selbstmörder.“ Jenes Mal hatte der Mann ein zorniges Gesicht gemacht und verächtlich ausgespien, wodurch mir dann auch meine eigene Bemerkung frisch im Gedächtnis geblieben war.

Es war schon Mitternacht, als wir in das Gehöft hineinkamen, und bald hörten wir das verzweifelte Geschrei des kranken Mannes. Er lag an einem Leiden darnieder, das immer große Schmerzen macht, aber schon der Bursche sagte mir: „Herr Pastor, deswegen schreit er nicht – das ist wegen der Angst vor der Hölle.“ Das bezeugte mir auch die Frau, die auf der Diele händeringend auf und ab ging.

Ich trat sofort in das Zimmer ein, wo der Kranke im Bett lag. Um ihn herum saß ein ganzer Kreis von Nachbarn und Verwandten, die, mit der Tabakspfeife im Munde, ihm Trost einsprachen des Inhalts: „Er möge doch eine Tasse Kaffee trinken, dann werde ihm besser werden“, oder: „Er sei doch, aufs Ganze gesehen, immer ein braver Kerl gewesen, und seine Frau hätte er niemals geprügelt, und die Religion hätte er ja früher richtig gelernt.“ Er aber antwortete ihnen gar nicht, sondern lag da mit dem Angesicht nach der Wand gekehrt, wie weiland König Hiskia (Jesaja 38). Eben schrie er: „Wenn der Pastor nicht bald kommt, dann sterbe ich“ – da trat ich an sein Bett.

Die guten Leute machten mir Platz, nahmen ihre Tabakspfeifen aus dem Mund und hielten sie hinter sich auf den Rücken. Als alles plötzlich so still wurde, warf sich der Kranke herum, und wie er mich erblickte, fuhr er in die Höhe, sprang aus dem Bett, nahm eine kleine Bergmannslampe, die vom Balken herunterhing, in die eine Hand, ergriff mich krampfhaft mit der andern, und ehe ich mich's versah, hatte er mich mit sich in die Nebenstube fortgerissen. Hastig warf er die Tür zu, drehte den Schlüssel um, und nun fiel er, so wie er war, im Hemd vor mir auf die Knie und rief: „Herr Pastor, retten Sie mich, oder ich bin verloren!" – Die Bauern rappelten an der Tür und riefen, er solle doch erst seine Kleider anziehen, sonst erkälte er sich, und wegen dem Herrn Pastors sei das doch auch so nicht schicklich. Aber er achtete nicht darauf, und ich bat sie, nur stille zu sein und fortzugehen.

Ich werde es nie vergessen, wie der Mensch neben einer alten Kiste vor mir lag. Das Lämpchen war schon beim Türzuschlagen ausgelöscht worden, der Mond aber schien hell durch das Fenster, und wenn ich vorher immer geglaubt hatte, was man von „zu Berge stehendem Haar" und dergleichen sagte, sei nur bildlich zu verstehen, so wurde ich nun anderer Meinung. Ja, wenn ich jemals einen Menschen gesehen habe, an dem man das Wort Davids erfüllt sah: „Meine Sünden gehen über mein Haupt, und wie eine schwere Last sind sie mir zu schwer geworden" – so sah ich es in diesem Falle.

Der Mann zählte mir alle seine Sünden von Jugend an mit Entsetzen auf und zeigte mit wunderbarem Scharfblick, wie auch das, was er und andere Leute für gut gehalten hatten, dennoch vor Gott nichts wert sein könne. Er bekannte mir nun ganz offen, wie ihm meine Worte auf der Kindtaufe, und noch mehr die in der Predigt, gleich einem Stachel ins Gewissen gefahren wären und fortan keine Ruhe gelassen hätten. Desto mehr nur habe er aber gespielt und getrunken, habe auf mich nach bester Kraft geschimpft, habe alle Sünden und Fehler derer aufgezählt, die zu den frommen „Muckern" gerechnet würden, aber alles sei vergeblich gewesen. Sobald er einigermaßen zu sich selbst gekommen sei, habe ihm eine Stimme gesagt: „So wie du jetzt bist, rennst du in den Abgrund hinein."

Als er einmal in seiner Not die Bibel, die noch von seiner alten frommen Großmutter herstamme, zur Hand genommen und darin geblättert habe, sei ihm aufgefallen, dass darin einige Stellen unterstrichen waren. Die erste Beste von diesen habe er gelesen, und sie lautete: „Du aber nach deinem unbußfertigen Herzen häufst dir selbst den Zorn auf den Tag des Zorns und der Offenbarung des gerechten Gerichts Gottes" (Römer 2,5). Da sei erst recht die Angst über ihn gekommen, und acht Tage darauf sei er durch eine schwere Erkältung so todesmäßig erkrankt. Nun müsse er in die Ewigkeit, und wenn ich ihn nicht retten wollte, so würde ihn der Teufel holen, das sei ihm unzweifelhaft gewiss.

Zunächst galt es nun, dem armen Manne den Aberglauben, mit dem er sich an meine Person klammerte, auszutreiben. Sein Zorn und sein Hass gegen mich waren nämlich (wie der Leser schon gemerkt hat) einem nur zu großen Vertrauen gewichen, und zwar hatte dieselbe scharfspitzige Wahrheit, die ihn erst so in Harnisch gebracht, nun eine allerdings abergläubische Hingebung an mich erweckt.

Was ich nun mit dem Manne geredet habe, kann ich nicht wiedererzählen, weil ich es nicht mehr weiß, auch würde es zu weit führen. Dass ich ihm aber zuerst wegen seines tiefen Schuldgefühls ganz und gar Recht gegeben und keinerlei Pflästerchen aufgelegt – dass ich ihn von meiner Person ganz weg und zu Jesus ganz hingewiesen habe –, dass ich darauf ihm, der sich selbst verdammte, nun auch den Mann zeigte, der solch ein sich selbst verdammendes Herz stillen, uns alle unsere Sünden vergeben und in des Meeres Tiefen werfen kann und will – das weiß ich noch. Der Mann wurde stiller und stiller, und endlich, als wir lange zusammen gebetet hatten, wurde er ganz still. Die Bauern in der Nebenstube waren längst fortgegangen, und so führte ich ihn denn an meinem Arm zu seinem Bett.

Dass er nicht mehr lange zu leben habe, sah man wohl. Der kalte Schweiß stand ihm schon auf der Stirn. Aber das Auge hatte einen ganz andern Ausdruck gewonnen, und das erste Wort, das er nach langem Schweigen sprach, lautete: „Jesus nimmt die Sünder an."

Wir feierten nun das heilige Abendmahl. Es war wirklich eine Feier, und ich konnte nicht anders, ich musste es mit dem Sterbenden genießen. Als ich ihm nach dem Segen die Hand reichte, bedeckte er sie mit seinen Küssen und Tränen und sagte noch einmal mit einem sehr glücklichen Ausdruck in seinem Gesicht: „Ja, lieber Herr Pastor, Jesus nimmt die Sünder an."

Nun sank er in einen Dämmerzustand, aus dem er erst im Augenblick des Sterbens wieder erwachen sollte. Ich aber sagte der trauernden Hausfrau noch das Beste, was ich wusste. Dann wanderte ich – nicht mehr müde, sondern nach Leib und Seele erfrischt – durch die herrliche Sommernacht heimwärts. Ich lehnte alle und jede Begleitung ab; zum Reden hatte ich keine Lust, wohl aber zum Singen. Denn nun verstand ich einmal wieder aufs Neue, wie ich's noch nicht oft verstanden hatte, was der gute Hirte, der sein Schäflein aus den Dornen geholt hat, jubelnd ruft: „Freuet euch mit mir, denn ich habe mein Schaf gefunden, das verloren war." Und das andere Lied, was der Prophet Micha vor dreitausend Jahren gesungen hat, verstand ich auch: „Wo ist ein solcher Gott, wie du bist, der die Sünden vergibt und erlässt die Missetat den Übrigen seines Erbteils; der seinen Zorn nicht ewiglich behält, denn er ist barmherzig? Er wird sich unser wieder erbarmen, unsere Missetat dämpfen und alle unsere Sünden in die Tiefe des Meeres werfen." Und mit den Nachtigallen um die Wette habe ich in jener Nacht gesungen, nicht so schön und nicht so rein wie sie, aber doch noch viel fröhlicher, und habe mich mitten in der Nacht so recht herzlich freuen können, dass ich nicht eine Nachtigall, sondern ein Mensch bin, nach Gottes Bild erschaffen und zu Gottes Herrlichkeit erlöst.

Als die Morgenröte anbrach, war ich wieder in meinem Pfarrhaus. Hier fand ich zu meinem Erstaunen alles wach und in großer Unruhe. Was war denn geschehen? Ach, mein einziges Kind war erkrankt, und so kam ich aus hoher Freude in tiefe Angst.

„Das ist ein prosaischer Schluss", sagt mancher Leser. Freilich war's prosaisch, und das Leben ist oft prosaisch und oft noch ein bisschen schlimmer als prosaisch! Aber so macht's der Herr und mischt in unsere erhabensten Freuden immer etwas Wermut hinein, so gut wie er andererseits nie ein Leiden schickt, ohne dass Balsam dabei wäre, wenn wir ihn nur sehen und annehmen wollten.

Nun, mein Kindlein wurde mir damals erhalten, und am Nachmittag, als ich mir gerade in meine Chronik über das Erlebte einige Notizen machte, kam wieder der junge Bursche aus dem Hofe, wo ich nachts gewesen war, und meldete mir, dass sein Herr sanft entschlummert sei. Erst eine Minute vor seinem Tode habe er die Augen aufgeschlagen, so freundlich gelächelt wie früher nie, und gesagt: „Jesus nimmt die Sünder an" – dann sei er gleich tot gewesen.

Verstimmte Leute

Zu den Menschen, die ich niemals beneidet habe, gehören in erster Linie die Klavierstimmer. Ich habe oft die Arbeitsleute beneidet, die Ziegelsteine auf den Bau schleppen und dabei arg schwitzen mussten, aber nichts zu denken hatten, als die Steine richtig aufzubauen. Ich habe die Postboten beneidet, die zwar Tag um Tag immer denselben Weg trotten müssen, aber überall höchst willkommen sind. Ich habe die Ackerknechte beneidet, die Dünger aufs Land fahren und damit das Erdreich verbessern durften. Vielerlei Leute habe ich beneidet – aber niemals habe ich die beneidet, die verstimmte Klaviere wieder harmonisch machen mussten.

Es ist schon eine Marter, wenn man die Stimmerei von ferne anhören muss. Aber wie muss es die Nerven angreifen, wenn man von einem verstimmten Klavier zum andern wandern, überall dieselben Mittel anwenden muss und nur die eine Abwechslung hat, dass das eine Klavier noch verstimmter ist als das andere. Wer dabei guten Humor behält, der muss entweder ein kleiner Heiliger sein, oder – keine Nerven haben.

Aber schwerer ist noch der Beruf derer, die verstimmte Menschenherzen wieder zu ihrer Harmonie führen sollen. Hier hat die Verstimmung allermeist viel tiefer liegende Ursachen, ja nicht selten solche, die sich dem Auge jedes andern gänzlich verbergen. Während ein Klavierstimmer, der sein Geschäft einigermaßen versteht, doch nach ein bis drei Stunden den Triumph erlebt, dass er dem kurierten Instrument wieder reine Töne und Akkorde entlocken kann, so muss der, der verstimmte Menschenherzen stimmen will, oft nach Stunden, ja nach Monaten erkennen, dass er mit all seiner Liebe und Pädagogik, Philosophie, Lebensweisheit, Humor – ja auch mit all seinen religiösen Trostgründen – elendig Bankrott gemacht hat. Da heißt es dann: „Mit dem Menschen ist nichts anzufangen."

Aber wenn es nun auch unter fünf Malen nur einmal gelingt, einen Verstimmten dahin zu bringen, dass er eine stille Träne über sich selber weint, oder gar, dass „sein Mund voll Lachens und seine Zunge voll Rühmens" wird – so hat der, der das fertig gebracht hat, dafür nun auch ein unsterblich Werk getan. Denn was man zur Erhebung und Lösung einer Menschenseele tut, das ist alles unsterblich und geht also weit über alle Klaviere hinaus. Die Verstimmten aber gehören in erster Linie mit zu den „Gefangenen", die man besuchen soll und über denen das Wort Jesu leuchtet: „Was ihr getan habt einem unter diesen Geringsten, das habt ihr mir getan."

Dass nun der Verstimmte sich in einem ebenso bemitleidenswerten als menschenunwürdigen Zustande befindet, liegt offen zutage. Er sieht alle Dinge durch eine schwarze Brille an. Und dazu pflegt er noch gereizt zu sein. Wie man vor einem bissigen Hunde warnt und sagt: „Rühre ihn nicht an, er beißt dich sonst" – so sagt man von solchem Verstimmten: „Sage ihm nichts, bitte ihn nichts. Er ist heute gereizt und tut, was dich und ihn gereut, wenn du dich mit ihm einlässest!“ –

Es war in einem schönen Thüringer Dorf – und wir saßen unter einer herrlichen Linde. Wir – das heißt ein Ehepaar in den vierziger Jahren und ich. Aber ich saß an einem Tisch für mich und hatte dem Ehepaar den Rücken zugekehrt.

„Ich muss nun doch wohl das Essen bestellen“, sagte der Mann mit brummiger Stimme.

„Das ist schon besorgt“, erwiderte lustig die Frau.

„Aber wie kannst du das tun, ohne mich zu befragen?“, sagte er in strengem, richterlichem Ton.

Sie entgegnete schalkhaft: „Ich weiß, du wirst heute mit mir zufrieden sein.“

Er grunzte und maulte nur. Bald kam der Wirt selbst und brachte eine Schüssel mit Forellen, herrlich anzusehen. „Siehst du – dein Lieblingsgericht“, sagte die Frau triumphierend.

Ich drehte mich ein wenig um; nicht nur um die Forellen, die auch mein Lieblingsessen sind, zu sehen – ich bekomme sie nicht oft zu essen –, sondern noch mehr in der Hoffnung, dass jetzt etwas von Sonnenschein auf das Gesicht des Brummbären komme. Aber er entgegnete: „Jeder Spaß wird einem verdorben! Gerade für heute Abend wollte ich Forellen bestellen.“

Die arme Frau sah so aus, als wenn sie den Kehlkopf herunterwürgte, aber sie bezwang ihre Tränen. Um den Schein zu wahren, aß sie ein wenig mit. Er dagegen verschlang alles mit Todesverachtung.

Noch einmal wagte die Frau ein Wort: „Hat dir's geschmeckt, lieber Mann?“

„Nun …, so lala“, sagte er gnädig und griesgrämig und wischte sich den Mund ab. Dann stand er auf. „Wo willst du hin, lieber Mann?“

„Natürlich zahlen! Meinst du, dass man die Forellen hier umsonst bekommt?“

„Ja“, sagte sie, „diese sind umsonst. Sie sind bezahlt.“

„Was soll das heißen?“, brummte er wieder.

„Ich habe sie aus meiner Privatkasse bezahlt. Du erlaubst mir ja wohl die kleine Überraschung?"

Und was antwortete der Unmensch? – „Sooo ... ja, ich habe schon lange gedacht, dass ich dir für deine Privatkasse viel zu viel gebe."

Nun, mich ging die Geschichte ja nichts an. Aber wenn es mir jemals in meinem Leben schwer wurde, den Mund zu halten, so war es diesmal. Als die beiden fortgegangen waren, erkundigte ich mich bei dem Wirt. Er sagte mir, der Mann komme öfter. Aber er sei so grob gegen die Kellner, dass niemand ihn bedienen wolle. Darum habe er auch selber das Essen gebracht. Der Mann sei ein großer Gelehrter, vermutlich ein abgearbeiteter Herr.

„Ja, ... und ein Teufel", hätte ich bald gesagt.

Ob einer der Leser in diesem Bilde sich selbst wiederfindet?

Die Opernsängerin

Es war an einem heißen Julitag. Ich hatte versprochen, in R. einen Vortrag zu halten, und musste deshalb trotz der Hitze reisen; ich „musste" gerade diesen Zug benutzen, ohne zu wissen, welche Begegnungen ich an diesem Tage haben sollte. Von einer will ich berichten.

Als ich in Bremen einstieg, hatte ich mir fest vorgenommen, unterwegs keine Unterhaltung anzufangen, denn ich war geistig sehr müde und hatte außerdem ein Buch mitgenommen, auf das ich mich lange gefreut hatte.

Ob es nun menschenfreundlich und weise ist, sich so etwas vorzunehmen: „... heute will ich absolut niemand sehen", oder: „... in dieser Arbeit darf ich nicht gestört werden", oder: „... ich bin nur für den und den zu sprechen" – ob wir nicht mit solchem eigenwilligen Vornehmen sehr oft einem höheren Willen entgegenarbeiten, ob wir uns nicht auch selbst dadurch der wichtigsten und schönsten Erfahrungen berauben, den Menschen aber, mit denen Gott uns zusammenführen will, sehr unrecht tun – das zu beantworten, sei dem ehrlichen Gewissen der Leser überlassen.

Ich will nur erzählen. Während der ersten Stunden meiner Fahrt gelang es mir, allein zu bleiben. In Wunstorf aber brachte mich der Schaffner in ein Abteil, in dem eine einzelne Dame von etwa fünfundzwanzig Jahren saß, in der ich auf den ersten Blick die „Künstlerin" erkannte. Sie hatte wirklich ein klassisch geschnittenes Gesicht, große blaue Augen, goldblonde, höchst auffallend frisierte Haare. Trotz all dem Schönen aber trug die Dame den Stempel der Unruhe und Kälte in ihrem ganzen Wesen. Ihre etwas phantastische Kleidung, ihr gewandtes, leichtes, aber allzu sicheres Auftreten, ihr ganzes Benehmen ließen über ihren Stand keinen Zweifel aufkommen.

Mit einem scharfen: „Hier wird aber nicht geraucht!", empfing sie mich. Nachdem ich die Dame flüchtig gegrüßt und betreffs des Rauchens beruhigt hatte, las ich in meinem Buch: „Mission und Zivilisation in Neuseeland" weiter. Wie verschieden nun aber auch meine Reisegefährtin in hunderttausend Sachen von ihren Schwestern in Neuseeland sein mochte, in der Wissbegierde war sie ihnen ähnlich. Sie erkundigte sich nach diesem und jenem, rückte aber bald mit dem ehrlichen Geständnis heraus, dass sie es nur getan, um meinen Dialekt zu studieren. Sie interessiere sich so sehr für die verschiedenen deutschen Dialekte und höre die Hannoveraner am liebsten sprechen.

Ich bedauerte, dass ich ihr den Gefallen nicht tun könne. „Meinen Dialekt werden Sie wohl nicht so leicht herausfinden", meinte sie, und da ich, selbst aufmerksam geworden, ein wenig anklopfte und herumtastete, erfuhr ich leicht, dass sie sowohl durch ihre ganze Lebensführung wie durch ihren Stand durch und durch Weltbürgerin geworden sei.

In Stockholm geboren, einer schwedischen Mutter und eines schottischen Vaters Kind, „auf eine geheimnisvolle Weise" schon in ihrem fünften Jahre nach St. Petersburg gekommen, von da zehn Jahre später nach Berlin. Als sie noch in die ersten Sprachstudien verwickelt gewesen war, hatte man sie schon der Kunst geweiht und mit Strenge und Eifer in der Musik gebildet. Ihr Los war denn auch in der Tat ein sehr glänzendes geworden. Je zwei Monate des Jahres, erzählte die Künstlerin, bringe sie in Paris, London, Florenz und Berlin zu, die andere Zeit auf Reisen und in Bädern, um ihre Stimme zu pflegen.

Mit einer seltenen Offenheit berichtete sie ferner von all den Ehren, Huldigungen, Beglückwünschungen, die ihr durch die größten Künstler, ja durch Fürsten und Fürstinnen und „allerhöchste Herrschaften“ fort und fort zuteil würden. Ich hörte absonderliche Dinge von dem glänzenden, aber auch leichtfertigen, ganz und gar in Menschenvergötterung aufgehenden Leben der Kreise, in denen sich so ein armes Menschenkind zu bewegen hat. Paris war für meine Reisegefährtin die Höhe allen Weltlebens, das „richtige Paradies der Künstlerin“, in London und Berlin sei es auch schön, aber leben könne man eigentlich nur in Paris. „Musik und Gesang genießen hier die größte Vergötterung“, sagte sie, und was sie persönlich betreffe, so habe ihr einmal Herr Huber gesagt: „Mein Fräulein, ich beneide Sie.“

Ganz trocken erwiderte ich, dass ich sie beim besten Willen nicht beneiden, sondern eher bemitleiden könne.

Wie von einer Tarantel gestochen fuhr sie in die Höhe: „Bemitleiden …? Was sagen Sie? Mein Herr, ich bin durchaus selbständig in der Welt und hänge von niemandem ab, aber sehr viele sehen mir nach den Augen. Man begehrt mich allenthalben, und ich darf nur immer Bedingungen stellen. Und welche Ehre würde mir nicht zuteil? Mein Herr, wenn ich Ihnen die Briefe, den Schmuck, die Bilder, die Kränze, die ich aus den Händen der ersten Leute in Paris empfing, zeigen könnte, Sie würden anders reden.“

Ich konnte nur erwidern, dass alle diese Dinge ihr Herz nicht auf eine einzige Stunde wahrhaft froh, still und glücklich machen könnten und dass ich nicht zu begreifen vermöchte, wie man sich in einem so strudelhaften, rauschenden Leben seines Daseins freuen könne.

„Ach“, sagte sie bitter lächelnd, „Sie sprechen vom Herzen …? Sie meinen gewiss die Liebe …? Bei Gott, Sie tun besser, davon zu schweigen. Liebe … Männer … Liebe … ewige Treue … pah! Von dem, was man Liebe nennt, bin ich gründlich kuriert. Liebe existiert für den nicht, der die Welt kennengelernt hat. Nur eine unerfahrene Närrin glaubt, dass Männer wirklich lieben können. Ich will lieber herrschen als lieben!“, sagte die Sängerin und richtete dabei ihren schönen Kopf so herausfordernd und selbstbewusst in die Höhe, dass man einen Augenblick daran zweifeln konnte, ob sie nicht selbst glaubte, was sie sagte.

Als ich mich von diesem Anblick ein wenig erholt hatte, bedeutete ich ihr, dass ich von der Liebe keineswegs so verzweifelt und hoffnungslos denke wie sie, dass ich aber vorhin an noch etwas Höheres, Köstlicheres gedacht hätte, nämlich den wirklichen Frieden der Seele, den allein Gott uns schenken kann.

„Nicht wahr“, fuhr sie mir hier, plötzlich abspringend, in die Rede, „nicht wahr, Sie sind der Vorsteher eines Knabeninstituts. Es interessiert mich, so aus dem ganzen Benehmen der Menschen ihren Stand zu erraten, ich glaube darin schon einige Übung zu haben.“

Leider musste ich ihr die Freude nehmen, dass sie davon heute eine gute Probe abgelegt habe, fand es aber noch nicht praktisch, mein Inkognito abzuwerfen und mich zu erkennen zu geben.

Nun folgte eine lange, peinliche Pause. Das einfache Wort vom Frieden ließ der Armen aber doch keine Ruhe, und sie knüpfte wieder an: „Ich weiß eigentlich nicht, was Sie mit Ihrer letzten Bemerkung sagen wollten? Denken Sie, in meinem Stand könne man nicht auch viel Gutes tun? Ich verwende einen Teil meiner Mittel für verschiedene wohltätige Zwecke. Wahrlich, ich tue viel Gutes!“

Ich: „Es handelt sich in erster Linie nicht um Gutes-Tun, sondern um Gut-Werden.“

Sie: „Mein Herr, Sie sind wirklich grausam, und wenn es nicht grob wäre, so würde ich Ihnen sagen, dass Sie grob sind.“

Ich: „Danke für das Kompliment. Ich will noch gröber werden, und Sie sollen mir bezeugen, dass ich Ihnen die Wahrheit bringe. Gestatten Sie mir, Ihnen zu sagen, und zwar aus eigener, alter Erfahrung zu sagen, dass Sie sich oft in Ihren stillen Stunden sehr unglücklich fühlen, sehr leer, sehr arm, sehr unsicher, sehr unbefriedigt? Und diese stillen Stunden, von denen ich spreche, es sind Ihre besten und wahrsten Stunden, die einzigen, darin Sie aus all dem Weltgetriebe einmal recht zu sich selbst kommen und Ihr eigenes Herz finden."

Sie (verlegen): „Wenn Ihr ganzes Äußeres dem nicht widerspräche, würde ich wetten, dass Sie ein Prediger sind."

Ich: „Sagen Sie mir lieber, ob ich Ihnen die Wahrheit gesagt habe."

Sie: „In der Tat, Sie verlangen viel! Wenn man auf dem Wege nach Ems ist, weil man halbe Nächte husten muss, so täte einem ein wenig Trost besser als Ihre Wahrheit."

Ich: „Es gibt keinen Trost, der nicht Wahrheit ist. Derselbe Erlöser unserer Seelen, der die ewige Wahrheit ist, ist auch die ewige Liebe. Aber wir müssen mit der Liebe die Wahrheit in Kauf nehmen."

Hier fing meine Begleiterin bitterlich an zu weinen; durch ihre Tränen und durch ihr Husten wurde die Stimme lange erstickt. Sie jammerte mich im Herzensgrunde, und ich bat Gott im Stillen, dass er mir doch ein gutes Wort voll Himmelstrost für die Arme geben wolle.

Nach einer langen Pause beruhigte sie sich: „Nun denn, so will ich auch ehrlich sein! Wozu soll ich den Abgrund meines Schmerzes verdecken? Ich bin nicht glücklich; ich fühle mich so kalt und so öde und leer. Gewiss, es fehlt mir noch ein Etwas, das ich nicht kenne. Vielleicht ist es das, was Sie vorhin ‚Frieden' nannten! Aber ist dieser Frieden nicht ein Ideal, ein schöner Traum, der sich auf der ganzen Erde nirgends erfüllt?"

Ich war froh, dass ich ihr nun sagen konnte, dass ich einst ebenso gedacht habe wie sie, dass ich aber in der Schule Jesu Christi einen sicheren Weg zu dem ewigen Frieden kennen gelernt habe. So gut ich konnte, zeigte ich ihr nun diesen Weg in die Gemeinschaft Jesu Christi, den Weg, der über Golgatha zum offenen Grabe führt und vom Sünder zum Sohne. Viel Eindruck machte auf sie ein Wort des berühmten Franzosen Pascal, das mir gerade zur Hand war: „Die Größe des Menschen besteht in der Erkenntnis seines Elends. Er ist also elend, weil er es (wirklich) ist; er ist aber groß, weil er es weiß … Niemand ist unglücklich darüber, dass er kein König ist, als ein entthronter König."

Diese Worte, die ich ihr wiederholen musste, verstand sie erst nicht. Plötzlich unterbrach sie: „Nicht wahr, weil wir zu etwas Besserem bestimmt sind und etwas Besseren bedürfen, als was die Welt uns geben kann, deswegen kann sie uns trotz all ihres Glanzes nicht glücklich machen. Ich glaube, das begreife ich. Wer aber Jesus Christus ist, von dem Sie sprechen, wie ich ihn finden und was er mit mir armem Geschöpf machen kann, davon habe ich auch nicht die entfernteste Vorstellung."

Wir waren eben jetzt im schönsten Geleise, aber bereits forderte der Schaffner meine Karte mit der Bemerkung: „Nächste Station aussteigen!" Nun, wenn „alles weislich geordnet" ist, wie der Psalmist sagt, so war es ja auch gut, dass die Unterhaltung bald abgebrochen werden musste. Es wird einem doch immer heiß unter der Stirn, wenn es, so wie oben erzählt, ernster wird. Das Gefühl der Verantwortung und der eigenen Untüchtigkeit machen einen zittern.

Ich konnte ihr nur noch sagen, dass nach Gottes Wort und nach aller aufrichtigen Christen Erfahrung der Anfang allen Heils und wahren Friedens in wahrhaftiger Selbsterforschung bestehe. Die Selbsterkenntnis aber führe zum Selbstgericht, ja zur Selbstverdammung. Wenn sie aber so weit sei, so möge sie nur die Arme ausstrecken nach dem Erlöser und Retter, denn er sei da, und er sei für sie da und warte längst auf ihr Kommen.

Ich hatte merkwürdigerweise an dem Tage außer meiner Bibel noch ein Neues Testament eingesteckt – wie man sagt: „in Gedanken". Das gab ich der Sängerin und ermunterte sie, doch täglich eine kleine Zeit der Erforschung ihres Herzens und dem sinnenden, betenden Lesen der Evangelien zu widmen. Darin würde sie Jesus selbst finden und ihn mit der Zeit kennenlernen; Er kenne sie schon längst und habe sie je und je geliebt – und darum hätte er diese heutige Begegnung herbeigeführt.

„Station N. ... Station N. ... Station N ... zwei Minuten ... Wagen wechseln, die nach L. fahren", so tönte es unter dem Geläut der Bahnhofsglocke an dem Zug herunter. Der Abschied war kurz, aber herzlich. Den Blick, den mir die Dame mit auf den Weg gab, diesen Blick voll unbeschreiblicher Wehmut werde ich nie vergessen. Wo ist sie seitdem geblieben? Hat sie gefunden, was ihr Herz im tiefsten Grunde ersehnt, oder sucht sie noch, oder hat sie sich selbst aufgegeben? Was wird auf ihrem Grabstein stehen: Vergeben? Oder muss es heißen – Vergebens hat sie den Ruf gehört? Wer weiß es? Oft noch habe ich an sie denken und für sie beten müssen. Und ich hoffe, dass es auch von ihr heißen wird: Diese war auch mit dem Jesus von Nazareth.

Das Evangelium am Wirtshaustisch

In Dresden war's. Es sind bald vierzig Jahre vergangen, und manches sieht jetzt anders aus – aber manches scheint nur anders zu sein. Als wir uns gegen neun Uhr im Speisesaal unseres Gasthofes zu einem einfachen Abendessen niederließen, ahnten wir nicht, dass sich hier wider unsern Willen noch eine Art von frommer Versammlung entwickeln würde. Dennoch war es so.

Der Herr Wirt setzte sich uns gegenüber und erkundigte sich, wie es denn seinen Herren in „unserm schönen Dresden" gefalle, was sie gesehen und was sie gehört hätten. In unserer Antwort fiel die Bemerkung, dass wir in verschiedenen Kirchen gewesen seien und dieselben, außer der Musikkirche, recht leer gefunden hätten. Mein Begleiter fügte unschuldig hinzu, dass ihm das sehr betrüblich gewesen sei.

Hierauf wischte sich der Gastwirt, der glücklicherweise keine

Ahnung davon hatte, dass ich ein Theologe war, die goldene Brille, nahm einen erhabenen Ton an und sprach: „Meine Herren scherzen wohl! Ich habe eine zu hohe Meinung von Ihnen, als dass ich glauben könnte, die leeren Predigtkirchen hätten Ihnen Betrübnis verursacht."

Mein Begleiter blieb ganz treuherzig bei seiner Behauptung; unser ehrenwerter Herbergsvater aber überhörte das absichtlich und fuhr mit so lauter Stimme, dass jeder im Speisesaal es vernehmen konnte, fort: „Sehen Sie, das ist ja gerade ein so glänzendes Zeichen der hohen Bildung unserer Stadt, dass die Kirchen so wenig besucht werden! Das muss noch besser kommen, die Kirchen müssen noch ganz leer werden. Kein Mensch, der Geist und Bildung hat, besucht hier eine Predigt. Nein, nein", rief er, offenbar entzückt von dem neuen Licht, das ihm aufgegangen, und irregeleitet durch unser und anderer Gäste schweigendes Staunen, „die Schulen müssen voll, aber die Kirchen müssen leer werden. Gehen Sie in die Theater, Bildergalerien und andere Bildungsstätten unserer Residenz, da werden Sie finden, wie es von Menschen wimmelt. Und ist das denn eines aufgeklärten Menschen nicht viel würdiger, sich in Kunst und Wissenschaft und in den Tugenden der Geselligkeit auszubilden, als sich diese trockenen Dogmen aus einem verfinsterten Jahrhundert ewig wieder vorkauen zu lassen?

Sehen Sie", sagte er selbstgefällig, „wenn ich von meiner geringen Person reden darf, ich war einst so verblendet und wollte Theologe werden. Aber, dem Himmel sei gedankt, ich bemerkte schon im dritten Semester, dass ich zur wahren Veredlung des menschlichen Geschlechts auf jede andere Weise mehr beitragen könne. So habe ich denn zum Besten meiner Mitmenschen diesen, Sie werden es mir zugestehen, ‚komfortablen' Gasthof gegründet, und nicht wahr, meine Herren, es lebt sich doch gut bei mir?"

Ein Stammgast, der sich unterdessen hinter einer kleinen Ananasbowle verschanzt hatte, warf schelmisch und phlegmatisch ein: „Das können die Herren doch erst beurteilen, wenn sie die Rechnung in Händen haben.“ Ob dieses trockenen Witzes lachte nun jedermann, und der eine murmelte dem andern allerlei zu. Der unaufhaltsame Redestrom unseres guten Sachsen war somit auf einen Augenblick gestoppt.

Ich aber wusste nicht, ob ich über dieses Bekenntnis des Wirtes lachen oder weinen sollte. Ich wohnte damals noch nicht in Bremen, sonst würde ich mich darüber nicht so verwundert haben. Im jenem Jahre aber kochte mir noch das Blut bei dergleichen Reden. Solches unsinnige Gerede war mir doch zu toll. Aber es war mein Heil, dass unser Religionsstifter hinausgerufen wurde und indessen mein Zorn ein wenig verrauchen konnte.

Als der Wirt wiederkam und seinen alten Platz wieder einnahm, fragte ich ihn ruhig, was er, als früherer Theologe, denn eigentlich von Jesus Christus halte? – Ich hatte geglaubt, den Mann in Verlegenheit zu bringen, aber das war weit gefehlt. Er hatte seine Antwort fix und fertig in der Tasche.

„Ah! Jesus Christus?! Nun, Jesus Christus war *sans doute* (ohne Zweifel) der größte Prediger der Toleranz, der je gelebt hat. Darin, meine Herren, beruht seine welthistorische Bedeutung. Die rechten Prediger und wir alle – wir sind ja alle Priester Gottes, des Höchsten – haben also auch keinen weiteren religiösen Beruf, als die Toleranz zu predigen.“

Ich fragte ihn auf sein Gewissen, ob er denn wirklich glaube, dass Jesus nichts anderes gepredigt habe als Toleranz.

„Na, sehen Sie, meine Herren, er war eben ein Jude und hatte mit der Muttermilch und durch die Erziehung allerlei falsche Ideen und Vorurteile eingesogen. Das muss man ihm zugute halten. Dennoch sah er weiter, wie man glauben sollte. Die Toleranz erforderte aber auch, dass er seinen Landsleuten den ganzen alten Kram nicht sogleich umschmeiße. Aber es wäre doch jämmerlich, wenn die Welt seit jener Zeit nicht fortgeschritten wäre! Sollen wir denn in den religiösen Dingen immer auf dem alten Fleck stehen bleiben? Nein, die Zeit ist gekommen, wo es jedem unter der Jacke geschrieben steht, was er glauben soll, wie auch Jesus Christus so erhaben spricht: ‚Es naht der Tag, da ihr nicht mehr in Jerusalem oder in Garizim anbeten werdet, sondern im Geist und in der Wahrheit', das heißt also (erklärte er kühn): ‚chacun à son goût!' (jeder nach seinem Geschmack)."

Er schloss nach einer künstlerischen Pause mit den erhabenen Worten: „Wenn ich so spreche, so spreche ich das Bewußtsein unserer großen Zeit aus. Hinter mir stehen die Millionen der Gebildeten unseres Geschlechts."

Der Prediger Salomo sagt einmal: „Reden hat seine Zeit, Schweigen hat seine Zeit!" Das ist sehr richtig, aber es war mir doch nun auch so zumute, dass das Schweigen seine Zeit gehabt habe, und es nun auch an mir sei, zu reden, zumal fast alle Insassen des Speisesaales mit gespannten Mienen, wenngleich offenbar mit sehr gemischten Empfindungen, den hohen Reden des modernen Apostels zuhörten. Alle anderen Unterhaltungen waren bei diesen gewaltigen Sätzen, die unser Maulheld wahrscheinlich in irgendeinem Klub oft und mit großem Erfolg durchgepaukt hatte, in tiefes Schweigen versunken.

Ich wandte mich also an den begeisterten Mann und sagte ihm: Er wisse ohne Zweifel, dass die Stelle von Jerusalem und Garizim und von der Anbetung im Geist und in der Wahrheit bei dem Evangelisten Johannes im 4. Kapitel zu lesen sei. Ich könnte mir also vorstellen, dass er auf den Johannes große Stücke halte. Ob er denn aber auch wisse, was derselbe Jesus im 3. Kapitel desselben Evangeliums zu dem jüdischen Theologen Nikodemus gesagt habe? – Als er etwas verlegen erwiderte, im Augenblick könne er sich nicht darauf besinnen, half ich ihm auf die Sprünge und sagte ihm sehr ruhig, aber mit deutlicher Stimme: „Wahrlich, wahrlich, es sei denn, dass jemand von neuem geboren werde, sonst kann er das Reich Gottes nicht sehen." Ich setze ihm auseinander, dass man nach Jesu Meinung erst Geist und Wahrheit von oben empfangen müsse, sonst könne man auch nicht im Geist und in der Wahrheit anbeten. „Chacun à son goût" habe man jederzeit beten können. Jesus aber sagt: „Jetzt ist die Stunde, da man wirklich in Geist und Wahrheit anbeten kann."

Hierauf entwickelte sich nun folgende Unterhaltung:

Er: „Das von der neuen Geburt sind mystische Worte."

Ich: „Sie sind jedem deutlich, der ehrlich auf die Stimme seines Gewissens lauscht."

Er: „Verzeihen Sie! Was mein Gewissen mir sagt, muss ich selbst wissen; jeder ... Mensch ... hat natürlich seine ... Fehler."

Ich: „Warum fügen Sie diese Worte hinzu? Und warum in so verlegenem Tone? Bestätigen Sie damit nicht schon die Behauptung Jesu?"

Er: „Ich finde, dass es nicht zeitgemäß ist, diese schwierige Frage hier vor so vielen Ohren zu besprechen. Auch glaube ich gar nicht, dass Jesus das zu Nikodemus gesagt hat."

Die Anwesenden hatten lautlos zugehört. Hier aber platzte der schelmische Herr hinter der Ananasbowle heraus: „Mein kutester Herr N.! Nichts für ungut, aber das ist falsches Spiel! Was Sie aus dem Johannes anführen, das ist echt, denn es paßt Ihnen in Ihren Kram, weil Sie es nicht verstehen. Was aber der Herr da anführt, das muss unecht sein, weil es Ihnen den Kopf heiß macht. Nee, Männeken, so kommen Sie uns nicht durch! Wer A sagt, muss ooch B sagen. Ich werde Ihnen einen guten Rat geben, den Jesus lassen Sie man ganz beiseite und sagen: Das ist nischt für mich! Nehmen Sie erst einen Finger von ihm, so können Sie nicht mehr ‚stopp' sagen. Ich ziehe Ihnen dann Konsequenzen, dass Ihnen Ihre paar Haare kerzengerade in die Höhe steigen. Nehmen Sie's nicht für ungut, aber setzen Sie dem man den Stuhl vor die Tür, wie ich es getan habe!"

Die Weisheit von der Gasse hatte geredet, und ein beifälliges Murmeln lief um die große Tafel, an der wir saßen. Hierdurch ermutigt, fuhr der Bowlenmann fort: „Ich glaube, bester Herr N., Sie und mancher von uns Brüdern hier könnten so ein Stück neue Geburt ganz gut gebrauchen, aber ... um des Teufels willen, wer will sich denn bei lebendigem Leibe bekehren?" – Hierauf tat der Mann einen langen Zug aus seinem Glase.

Die Szene hatte sich völlig verändert. Statt eines Mannes mit allgemeinen religiösen Redensarten, der das Christentum nach seiner Pfeife wollte tanzen lassen, saß uns ein offenbarer Feind desselben gegenüber, der es wohl verstand, aber hasste und statt aller Scheinbündnisse ganz mit ihm gebrochen hatte, ein Mann, der wahrscheinlich eine christliche Erziehung genossen hatte. Ich wandte mich also zu ihm mit dem Gefühl, dass auf einen groben Klotz auch ein grober Keil gehöre, und fragte ihn, ob er, der ja die Schrift wohl zu kennen scheine, auch verstehe, was das heißt: „Irret euch nicht, Gott lässt sich nicht spotten! Was ein Mensch säet, das wird er ernten."

„Hab' ich schon lernen müssen, als ich noch bei Muttern war", fiel er ironisch ein, „sogleich kommen Sie gewiss auch noch mit ‚Mene, mene, tekel upharsim!'" Dies rief er sehr laut, spöttisch-feierlich, aber offenbar aufgeregt. Doch wurde er plötzlich totenbleich, als er nun um sich schaute und lauter ernste Gesichter sah, die fast mitleidig auf ihn blickten.

„Mich dünkt", fuhr ich nach ziemlich langer Pause fort, „dass Sie nach dem Ermessen aller Verständigen sich selbst das Urteil gesprochen haben. Eine neue Geburt für notwendig halten und doch keine Zeit und Lust dazu haben, das ist die Art eines Selbstmörders, der weiß, dass er auf weichem Rasen in den nahen Abgrund läuft, der aber keine Zeit und Lust hat, umzukehren. Mich dünkt, wenn ein Mensch von Gott so viel Licht und Klarheit gewonnen hat, einzusehen, dass es so nicht weitergehen kann, so fordert der gesunde Verstand schon, dass er umkehrt von seinem Wege, und wenn er's nicht kann durch seine Kraft, dass er dann einen sucht, der ihm dazu hilft!"

Hierüber verbreitete ich mich nun des Weiteren, nachdem ich endlich einmal glücklich in Fluss gekommen war. Der Wirt hatte sich längst entschuldigt, ihm war die Luft zu schwül geworden. Übrigens war die Gesellschaft ganz Ohr. Einer nickte freundlich zu meinen Worten, die anderen sahen starr vor sich auf den Tisch. Der Mann hinter der Bowle machte verzweifelte, aber höchst unglückliche Versuche zu lächeln. Mir selbst war bei meiner kurzen Auseinandersetzung heißer geworden als bei einer langen Predigt. Aus mehr als einem Grunde freute ich mich also, dass mein Begleiter mahnte, es sei nun wohl Zeit, uns von der Gesellschaft zu verabschieden.

Als wir aufstanden, grüßten die meisten recht freundlich, und der eine, der mir schon vorher immer zugenickt hatte, dankte „für die interessante Stunde“, die ich ihnen bereitet hätte. Ich musste diese Ehre ablehnen und unserm Wirte zuwenden, denn ich hätte ohne diese Veranlassung leider nicht den Mut gehabt, von meinem guten Glauben so tapfer und dreist zu reden, wie jener seine selbst ausgebrütete Weisheit auf den Markt zu bringen wagte. –

Als wir auf unserem Zimmer waren, sagte mein Begleiter: „Ob man wohl in der anderen Welt Spuren dieser Unterhaltung finden wird?“ Und (so fügen wir hinzu) ob wohl durch diese wahre Geschichte nicht mancher Leser zu tieferem Nachdenken über sich selbst gebracht werden sollte? – Das walte Gott!

Der Alte auf dem Kickelhahn

Es war in der schönen Zeit, als die erste und zweite Hälfte des Jahres 1872 sich die Hände reichten, da wohnten wir auf der Grenze zweier Weltreiche, nämlich der Weltreiche Sachsen-Coburg-Gotha einerseits und Sachsen-Weimar-Eisenach andererseits. Und wenn diese beiden Vaterländer auch mitnichten zu den größten, sondern eher zu den kleinsten der Erde gehörten, so können sie doch kühnlich mit in den Streit eintreten, wenn es sich darum handelt, welches das schönste unter den irdischen Vaterländern sei. Vielleicht wird das ganze Thüringen, dieses „grüne Herz Deutschlandes“, eines Tages ein Land. Das war aber im Jahr 1872 an den Ufern der Ilm, welche da, wo wir wohnten, die Grenze der genannten Reiche bildete, noch nicht der Fall.

Wir lebten gewissermaßen in beiden Reichen, denn unser Quartier war bei dem trefflichen Schulzen auf der coburgischen Seite. Gott aber gebe allen Reisenden so liebenswürdige Wirtsleute und eine so saubere und lichte Wohnung, wie wir sie gefunden hatten. Unser Mittag- und Abendbrot aber empfingen wir dankbaren Herzens im Lande Weimar, welches jenseits der Ilm lag, nur fünfundzwanzig Schritte von unserer schönen Residenz entfernt.

Wer nun noch gern ganz genau wissen will, in welchem thüringischen Dorfe wir denn eigentlich gehaust haben, dem will ich den Namen doch nicht verraten, wohl aber, dass ganz in der Nähe etwas sehr Merkwürdiges zu sehen ist, nämlich ein „Kickelhahn“, der 2652 Fuß hoch ist und dessen Flügel meilenweit ausgestreckt sind. Die Federn aber sind große, herrliche Tannen, und auf seinem Kamm trägt er einen steinernen Turm, den man auf einhundertundzwanzig Stufen besteigen kann. Und wer nun noch sagt, dass ein Land, das einen solchen Kickelhahn besitzt, keine Sehenswürdigkeiten habe, der ist abgestumpft.

Es war Samstagabend; wir lagerten am Waldesrand und lasen zusammen ein Buch. Unter dem steilen Hügel, wo unser Ruheplätzchen lag, rauschte die Ilm mit ihrem silberklaren Wasser, hier und da eine Schneidemühle treibend. Das Dorf mit seinen freundlichen weißen Häusern ist terrassenförmig an einem steilen Berg hochgebaut. Am höchsten steht die alte Kirche über den anderen Gebäuden, ringsumher hohe Berge mit herrlichem, dunklem Tannenwald. Das alles, von der freundlichen Abendsonne purpurrot angestrahlt, lag vor uns.

In den Wiesen waren die Leute beschäftigt, das duftende Heu aufzuladen, damit es noch vor Sonntag unter Dach und Fach käme. Durchs Ilmtal herunter, aus den Bergen her, kam der Hirte, das Horn auf dem Rücken und seine Kühe vor sich her treibend. Wir legten das Buch beiseite, horchten auf das fröhliche Schellengeläut, das zu uns herauf tönte, und schauten in dieses Bild voll Frieden hinein. Selbst der große Hund bei der Herde störte trotz seiner scharfen Zähne den Frieden nicht. Mehr durch freundschaftliches Mahnen als durch feindliches Beißen brachte er den großen Zug wieder in Ordnung, wenn die trotzigen Rinder und munteren Kälber einmal ihre Mutter verlassen und zu dem frischen Heu auf der Wiese abschweifen wollten. Den Schluss des

Zuges bildete eine Gruppe von Kindern, die zum Teil Erdbeeren, zum Teil Reisig gesammelt hatten, während ein barfüßiger Junge von höchstens acht Jahren sein Brüderchen auf einer kleinen Schiebkarre heimwärts beförderte.

So saßen wir und träumten in dieses schöne Friedensbild hinein. Unterdessen kam ein alter Mann den steilen Hügel herauf, keuchend und stöhnend. Er war offenbar sehr gebrechlich und hätte mit sich selbst genug zu schleppen gehabt; dennoch trug er einen schweren Sack auf dem Rücken. Etwa zehn Schritte von unserem Platz warf er erst den Sack hin und dann sich selbst, und indem er niedersank, sagte er seufzend: „Ach, du großer Gott, was hat der Mensch doch für ein viehisches Leben!"

Der Gegensatz zwischen meinem Wohlsein und Glück und dem kläglichen Zustand des alten Mannes durchzuckte mich wie ein Blitz, und ich fühlte mich berufen, womöglich mit dem Greis ein versöhnendes Wort zu reden. Ich ließ also meine Frau mit ihrem Strickzeug und mit ihren Gedanken auf eine Viertelstunde allein und setzte mich zu dem Alten, der meinen Gruß sehr gut aufnahm.

Es war nicht schwer, von ihm zu erfahren, was man wissen wollte, denn trotz seiner Engbrüstigkeit war er doch sehr mitteilsam. Bald wusste ich, dass er schon vierundsiebzig Jahre hinter sich hatte und eine kleine Hütte am „Kickelhähnle" bewohne.

„Sie will überall nicht mehr halten, und ich muss Tag für Tag daran flicken und stützen, sonst reißt alles herunter, wenn der Wind so vom Kickelhähnle herstößt", erzählte er mir in kläglichem Ton. In der Hütte wohne er mit seiner Frau, die noch älter und kränklicher sei als er selbst und die wohl noch gern ihr Essen möge, sonst aber gar nichts mehr könne. Darum müsse er die Ziege allein versorgen, und das mache ihm viele Mühe. Auch dieser Sack mit Gras und anderem Kraut sei zu ihrer Nahrung bestimmt.

Nichtsdestoweniger sprach der Alte von seiner Ziege mit größter Liebe und Zärtlichkeit, während er über die Launen seiner Frau bitter zu klagen hatte. Auch die Kinder, die sämtlich erwachsen und verheiratet seien, waren – seiner Ansicht nach – sehr selbstsüchtig. Sie hätten zwar auch nichts Rechtes zu beißen, sagte er, aber etwas könnten sie ihm doch abgeben, weil er ihnen so oft die Kleinen hüte.

Bitter waren seine Klagen über sein freudloses Dasein, über die Schlechtigkeit und Undankbarkeit der Menschen. Die Ziege mit ihren zu erwartenden jungen Zicklein war der einzige Lichtpunkt in seinem Leben.

Nach einer ziemlich langen Pause (denn ich wusste nicht recht, wo ich anfangen sollte) sagte ich: „Nun, lieber Alter, dann freuen Sie sich gewiss, dass Ihre Zeit auf Erden bald dahin ist und dass der liebe Gott Sie demnächst abrufen wird?"

Da kam ich aber schlecht an! Er zog die weißen Augenbrauen hoch in die Höhe und fragte mich fast verletzt: „Meinen Sie etwa, dass ich gern sterben will?"

„O ja", antwortete ich, „nach dem, was Sie mir eben erzählten, habe ich mir gedacht, Sie würden wohl gerne sterben, und es wäre auch gut, wenn Sie es gerne wollten, denn wenn man vierundsiebzig Jahre alt ist, so ist es doch ziemlich gewiss, dass man den Weg aller Welt ziehen muss. Dabei aber kann ein Christenmensch ja auch sehr ruhig sein, denn es heißt doch in der Bibel: ‚Wir wissen, wenn das irdische Haus dieser Hütte zerbrochen wird, dass wir im Himmel ein Haus haben, das nicht mit Händen gemacht, sondern von Gott gebaut ist und ewig hält.' Darum dacht' ich, Sie würden sich wohl aufs Sterben freuen."

„Hören Sie, mein Herr", fiel mir hier der Alte lebhaft ins Wort, „ich will Ihnen was sagen: Sterben kann man immer noch, aber leben kann man nur einmal. Gott du meiner Seele! An den Tod mag ich gar nicht denken, wenn ich auch nur ein gebrechlicher Mann bin! Wissen Sie, wenn mir jemand für jeden Tag zwei und einen halben Silbergroschen schenken täte, dann wollte ich wohl noch hundert Jahre leben."

Wie ist das doch wehmütig, wenn so alte Leute, die schon mit einem Fuß im Grabe stehen, sich dennoch so krampfhaft ans Leben klammern, als wäre mit diesem Leben alles aus. Einer von diesen bemitleidenswerten Greisen war auch mein armer Thüringer. Nur die zweieinhalb Silbergroschenstücke fehlten, sonst hätte er sich trotz aller Klagelieder noch gern hundert Jahre mit seiner brummigen Alten und seiner freundlichen Ziege gefallen lassen … Es war zum Lachen und doch noch mehr zum Weinen. Wie arm war der Mann, *wenn* er auch seine Silbergroschenstücke gehabt hätte – und doch fand sich niemand auf Erden, der sie ihm auch nur für ein Jahr zahlen wollte!

Damit ich nun aber seinem Herzen ein wenig näher käme, sagte ich ihm, für hundert Jahre könne ich freilich nicht sorgen, aber für so lange wäre es auch wohl nicht nötig, dagegen sollte es mir eine Freude sein, ihm für einige Tage das Leben zu versüßen. Er war so glücklich, wie solch ein alter Mann nur sein kann, als ich ihm ein paar der erwünschten Geldstücke in die Hand drückte. So wurde denn auch unser schon bald erlahmtes Gespräch wieder ganz frisch.

Nachdem ich durch meine Groschen den Weg zu dem Herzen des Alten gefunden hatte, fing ich so einfach wie möglich an, ihm von Jesus zu erzählen. Ich suchte ihm klarzumachen, wie wir alle um unserer Sünde und um unseres Elends willen einen Heiland nötig hätten, sonst müssten wir verzagen. Dann berichtete ich ihm so kurz und einfach dies und das von Jesu Worten, Tun und Leiden, besonders wie er die Mühseligen und Beladenen zu sich gerufen habe und auch jetzt noch rufe.

Ich hatte gehofft, dass besonders in diesem Ausdruck „Mühselige und Beladene“ der Alte sich selbst wiederfinden werde, und fragte ihn, was er darunter verstehe.

Ihm wurde es aber zu lang, oder er konnte das alles nicht mehr fassen, und er sagte: „Mein bester, wertester Herr, Sie haben mir nun so viel vorgebetet, nun will ich Ihnen auch mein Glaubensbekenntnis sagen.“ Er faltete die Hände und sprach in dem Ton eines Predigers:

„Wenn mer hier hat Gut’s getan,
nimmt ein’n Gott mit Ehren an,
in den scheenen Himmel rein,
wo die biedern Leite sein.“

Leider bin ich nicht imstande, die Worte in der Thüringer Mundart genau wiederzugeben, noch weniger kann ich die feierliche Betonung und das salbungsvolle Pharisäergesicht des Alten zeichnen, der dabei, über sich selbst gerührt, himmelwärts schaute – sonst würden sich alle Leser wohl Tränen lachen.

„Sehen Sie", schloss er, „das ist mein Glaubensbekenntnis und mein Wahlspruch. Darauf habe ich immer hart gehalten, und dabei will ich auch bleiben."

Im Verlauf des Gesprächs behauptete er gar, diesen Vers habe er als Einsegnung bei der Konfirmation empfangen, und wie sehr ich mir auch Mühe gab, ihm das auszureden – er blieb dabei. Dass er auf Grund eines solchen Glaubensbekenntnisses keine Sterbensfreudigkeit gewinnen konnte, wunderte mich nicht. Solange man den schönen Himmel nur mit biederen Leuten austapezieren will, wird er wohl leer bleiben müssen. Ebenso, solange ein Mensch nicht ein Sünder werden, noch eines Erretters aus der Sünde bedürfen will, sondern auf seine guten Taten hin den Eingang „in den schönen Himmel" ertrotzen will, wird er wohl keinen Funken von Freudigkeit, von Gewissheit des Heils in sich verspüren.

So war es denn kein Wunder, dass mein Vierundsiebzigjähriger lieber für zwei und einen halben Silbergroschen pro Tag auf der Erde, als ohne zwei und einen halben Silbergroschen im Himmel sein wollte. Wie bei unzähligen Menschen die Religion nur aus frommen Redensarten besteht, so war auch in unserm Falle der „schöne Himmel" nur ein Nebelgebilde, auf dem aber niemand sein Haus bauen kann. Ach, so sprechen viele von der „seligen Ewigkeit", aber sie haben keinen Trost daraus, denn sie haben nie etwas erfahren von den Gütern und Kräften der oberen Welt, weil sie weder sich selbst noch ihrem Retter so recht auf die Spur gekommen sind.

Als ich meinen Alten fragte, was er denn Gutes getan habe, wurde er erst stutzig und etwas verlegen, fasste sich aber bald und meinte, er habe ja seine Kinder aufgezogen und fleißig gearbeitet.

„Das ist", entgegnete ich ihm, „ja auch ganz nett und brav, aber das ist doch nichts besonders Gutes, sondern einfach unsere Schuldigkeit. Die Kinder sind doch eben dafür da, dass man sie aufzieht und nicht ins Wasser wirft, und was das Arbeiten angeht, so schickt sich's wohl, denn wenn wir nicht arbeiten, haben wir nichts zu essen ... Was meine Person angeht, so wüsste ich wirklich von dem Schlechten, was ich getan habe, viel mehr zu berichten, als von dem Guten."

Hier entsetzte sich aber mein Alter und sprach: „Sie ... so'n guter, guter Herr ... hat mir fünf Groschen gegeben ... Nein, Sie haben nie was Schlechtes getan."

„Oh", sagte ich, „wenn Sie so gutes Vertrauen zu mir haben, will ich Ihnen das einmal auseinandersetzen, und Sie werden dann einsehen, dass man mit seinem eigenen Guten vor den Augen des heiligen Gottes nicht durchkommen kann und erst einen neuen Geist und ein neues Herz haben muss."

Der Greis aber entschuldigte sich, er müsse zu seiner Alten und seiner Ziege. So krüppelte er sich also mit seinem Sack in die Höhe, dankte noch tausendmal für die schöne Unterhaltung und für die Groschen und zog dann weiter seines Weges zum „Kickelhahn" hin.

Vielleicht hatte ich's ja mit dem Alten ungeschickt angefangen, aber es ist furchtbar schwer, auf einen Menschen einzuwirken, der sieben bis acht Jahrzehnte hindurch sich immer mehr und mehr und immer fester und fester in seine Gedanken verrannt hat – dem die Religion immer nur eine Summe frommer Worte war und der das Wort Buße aus wirklicher Erfahrung nie verstehen lernte. Da wird dann das Herz so eines Alten wie ein Stein.

Darum ist auch nichts törichter und unglückseliger, als die „Besorgung seiner inneren Angelegenheiten" aufs hohe Alter zu verschieben. Gerade die Zeit des Werdens und Wirkens im hiesigen Leben muss auch die Zeit unseres inneren Werdens und unseres Wirkens für die Ewigkeit sein. Es gibt keinen vernünftigeren und aus dem täglichen Leben besser bewährten Satz als das Wort der Schrift: „Die mich frühe suchen, finden mich." Denn tausendfach hat die Erfahrung bewiesen, wie schwer es ist, erst auf dem letzten Krankenbett in die Wege Gottes einzulenken – und manchmal ist es unmöglich.

Wie ein Graf sich in einen Hirsch verwandelte

Es war an einem Sommermorgen im Juli, als ich am Vierwaldstätter See in Brunnen mit fröhlichem Herzen einen Dampfer bestieg, um nach Flüelen zu fahren. Von da wollte ich dann weiter zum St. Gotthard hinaufpilgern. Ich war allein, aber ich sollte nicht lange allein bleiben, sondern Gesellschaft bekommen. Mir gegenüber saß ein Herr, der trotz aller Herrlichkeit der Welt ein gar finsteres Gesicht machte. Denn was helfen einem Menschen alle Schätze der Erde, wenn er nicht Freude und Zufriedenheit im Herzen hat?

Also, der schöne, stattliche Herr, mit einem wirklich beneidenswerten Schnurrbart und mit noch beneidenswerteren feinen Händen, hatte in der Tat mit des Schicksals Tücke zu kämpfen gehabt. Er hatte den Rigi zu Fuß bestiegen, aber er hatte sich Blasen gelaufen und ging nun, als wenn er Klumpfüße hätte. Er hatte ferner eine Gesellschaft von Landsleuten, mit denen er sich oben auf dem Rigi-Kulm treffen wollte, verfehlt. Sie waren gerade vor ihm abgereist, und nun war er auf der Suche, ohne jedoch bis dahin eine Spur von ihnen entdecken zu können. Endlich war er da oben in dem Hotel nach seiner Meinung „ganz gemein geschunden" worden, was wiederum seine Galle in übermäßige Tätigkeit gebracht hatte.

Aber wie ich meine zufriedene Stimmung durch Essen und Trinken erhöhte, so suchte er seine innere Finsternis durch solche Mittel zu vertreiben. Das war aber ein eitles Bemühen, wie jeder Kenner des menschlichen Herzens leicht begreifen kann. Mein russischer Graf wurde nicht nur durch jede Fliege in der Luft geärgert, sondern auch durch alles, was der arme Kellner ihm brachte. Der edle Burgunder musste gefärbt, die reine Schweizer Butter musste ranzig, der kalte Braten sollte gar aus dem Vorderschenkel eines vorsintflutlichen Mammuttieres geschnitten sein. In der heftigsten Weise schnaubte mein Reisegefährte den „garçon" (Kellner) an, sodass der unglückliche Mensch abwechselnd blass und rot wurde und bald nur noch zitternd dem Thron des russischen Paschas nahte.

Das konnte ich nun nicht mehr mit ansehen, und ich erlaubte mir in sehr behaglicher Weise den Mann darauf hinzuweisen, dass der Kellner ja doch ganz unschuldig sei und für die Qualität der Speisen weder Lob noch Tadel verdiene. Ich fügte aber eine kleine Vorlesung hinzu, worin ich nach Kräften entwickelte, dass man die dienende Klasse nicht so unfreundlich und herzlos behandeln müsse, dass man sie durch so harte Reden nur verbittere und zur Gleichgültigkeit und Schlechtigkeit verführe und was ich sonst noch zutage förderte.

Mein Begleiter hörte mich etwas mürrisch, aber doch mit leidlicher Geduld an, was nicht gerade jedermanns Ding ist. Als ich aber mit meiner Weisheit zu Rande war, tat er seinen Mund auf und rief ziemlich laut: „Mein Herr, Sie ... Sie sprechen ja geradeso wie Pastor Funcke von Bremen!"

Die Leser werden mir aufs Wort glauben, dass es in diesem Augenblick nicht ganz leicht war, das Lachen zu verbeißen, doch gelang es mir, und ich entgegnete ziemlich trocken:

„Kennen Sie denn den Funcke?"

„Ja und nein", entgegnete er, „persönlich kenne ich ihn noch nicht, wohl aber durch seine Bücher, Reisebilder und dergleichen, und in all seinen Schriften hält er immer der niederen Klasse die Stange. Haben Sie, mein Herr, auch etwas von dem Funcke gelesen?"

„Gewiss habe ich das", war meine Antwort. „Auch kenne ich ihn persönlich sehr genau, denn ich bin ein Bremer und mit dem Funcke wohl befreundet, höre ihn auch jeden Sonntag predigen."

Hier wurde nun mein Reisegefährte sichtlich und ehrlich

erfreut. „Also“, sagte er, „da müssen Sie mir von dem Manne erzählen! Wenn doch nur auch meine Tante, die Exzellenz von E., da wäre! Die verteidigt diesen Pastor gegen alle seine Widersacher. Sie hat mir noch für meine Reise diesen Funcke (und hierbei zog er einen Band aus seiner Ledertasche) mitgegeben, und ich bin auch bald damit durch. Wie viel verschrobenes Zeug auch in dem Buch steht, anderes ist darin, was ich ganz und gar nicht loswerden kann. Doch bitte, erzählen Sie! Wie willkommen werde ich meiner Tante sein, wenn ich ihr persönlich berichten kann!“

Ich erklärte mich bereit, sagte aber, dass ich dann auch manches Üble zu melden hätte. Nachdem ich also im allgemeinen der Wahrheit gemäß berichtet hatte, dass ich mit dem Funcke von Jugend auf gute Kameradschaft gehalten hätte, mit ihm gereist und auf Universitäten gewesen sei, ja dass ich mit ihm sehr oft ganz brüderlich in einem Bett geschlafen hätte – kam ich dann zu einem Erlebnis, wie ich allein es geben konnte.

Ich erzählte aus der Gymnasialzeit, dass der Funcke in etlichen Fächern freilich etwas Besonderes geleistet habe, in anderen aber völlig unbrauchbar gewesen sei, und das so sehr, dass seine Mitschüler ihm den Beinamen „Otto der Dumme“ gegeben hätten. In der Mathematik wäre er beispielsweise immer unwissend geblieben. In einer schriftlichen Prüfung in Physik hätte er sogar nur eine große künstlerische Null auf den sonst leeren Bogen gemalt und in die Null hinein das wohlgetroffene Abbild eines der Herren Lehrer, was ihm aufs Haar einige Tage Karzerhaft eingetragen hätte.

Ich erzählte weiter, dass der Funcke eigentlich habe Arzt werden wollen, bei einer Amputation aber (wozu ihn sein Vater, der Doktor Funcke, mitgenommen habe) in eine lange und jämmerliche Ohnmacht gefallen sei. So habe er denn erkannt, dass auf diesem Feld für ihn keine Lorbeeren sprießen würden. Und durch allerlei äußere wie innere Beweggründe geleitet, habe er sich nunmehr entschieden für die Theologie erklärt. Dies sei, menschlich zu reden, sehr unvernünftig gewesen; denn der junge

Mensch habe eine elende Brust gehabt, dazu sei er zeitweise so mit Stottern geplagt worden, dass er kaum einen Satz ohne mannigfaches klägliches Anstoßen zu Ende gebracht habe. Doch habe sich dieses letztere Leiden nach der ersten Predigt merkwürdigerweise völlig verloren. Die Prüfungen habe er zwar bestanden, sei aber, in der ersten wenigstens, ziemlich nahe beim Durchfallen gewesen. Überhaupt sei der Mann nicht besonders gescheit und also noch weniger das, was man gelehrt nenne.

So weit hatte ich der Wahrheit gemäß berichtet, wollte auch noch fortfahren, aber ich hatte schon länger beobachtet, dass eine kleine Ader auf der Stirn des Grafen schwoll, dass sich überhaupt ein Gewitter zusammenzog. Und als ich nun so frech war, dem Funcke die Gescheitheit und Gelehrsamkeit abzusprechen, da sprang mein Graf auf, schlug mit der Faust auf den Tisch, dass die Gläser klirrten, und brüllte: „Donnerwetter, Herr, machen Sie mir den Mann nicht so schlecht!"

Ich sagte so kalt, wie meine etwas heiße Natur es gestattet: „Herr Graf, das Donnerwetter können Sie sich hier und allerorten sparen. Von dem Funcke aber kann ich sagen, was ich will!"

„Und ich verbitte mir das!", rief mein edler Graf.

„Nun", sagte ich, „ich werde Ihnen beweisen, dass ich ein Recht habe, den Mann zu beurteilen und zu verurteilen."

Er wurde etwas verdutzt durch meine ruhige Bestimmtheit, blieb aber doch noch recht böse und warf mir entgegen: „Der Beweis wird Ihnen sehr schwer werden."

Jetzt musste der Vorhang fallen. Gelassen zog ich mein Notizbuch aus der Brusttasche und überreichte dem Grafen meine Visitenkarte. Ärgerlich nahm er sie und schaute ... schaute ... die Karte an ... mich an ... die Karte an ... mich an ..., und der starke Mann wurde blass, starr und sprachlos. Es war, als sollte er lebendigen Leibes vor meinen Augen versteinert werden. (Ich habe mir früher nie eine Vorstellung davon machen können, wie das zugegangen ist, als Lots Weib in eine Salzsäule verwandelt wurde. Seit jener Stunde aber auf dem Vierwaldstätter See habe ich eine ziemlich deutliche Vorstellung davon, obgleich ich, wie gesagt, in der Physik und Chemie nie etwas geleistet habe.) – Mein Graf aber wurde glücklicherweise nicht zur Salzsäule, im Gegenteil! Als ich ihm lustig lachend die Hand bot, nahm er dieselbe zwar nicht, aber er tat mehr, fiel mir ohne weitere Vorrede um den Hals und küsste mich mit so großer Zärtlichkeit, dass seine Frau hätte darauf neidisch werden können.

Nachher haben wir in Flüelen noch ein Stündlein zusammengesessen und trauter Gemeinschaft gepflogen. Was wir da miteinander geredet haben, das weiß der Herr, unser Gott. Ich weiß es auch noch, aber es gehört nicht hierhin. Aus meinem erst so borstigen Grafen enthüllte sich einer von den dürstenden Hirschen, davon im uralten Psalm 42 geredet wird. Das aber kann ich sagen, dass Edelmann und Pastor als Brüder und Freunde geschieden sind und mit der fröhlichen Hoffnung, in jenem Land droben, auf der anderen Seite des Lebens, einander zu begegnen.

Warum sprechen wir nicht miteinander?

Es gibt eine gewisse Klasse von reisenden Engländern, denen ich gern aus dem Weg gehe. Aber es wäre höchst ungerecht, wenn wir diese Abneigung auf alle ihre Volksgenossen übertragen würden. Und so närrisch und ungerecht war ich einmal, als ich vor vielen Jahren im Kanton Wallis reiste. Ich hatte nämlich auf Grund meiner üblen Erfahrungen beschlossen, dass ich fortan auf der Reise mit keinem Engländer mehr eine Unterhaltung versuchen wollte.

Aber das „Schicksal" – in der Person des Oberkellners in Zermatt – wollte, dass ich gerade an dem Tage dieser innerlichen Beschlussfassung an der Speisetafel neben einem stattlichen und sehr vornehm aussehenden Engländer zu sitzen kam. Trotzig setzte ich mich und grüßte nur den Franzosen, der zu meiner Linken saß. So war denn mein Mund nur mit Essen, mein Herz nur mit meinen Lieben in der Ferne beschäftigt, und Heimweh wollte mich beschleichen.

Plötzlich legte der Engländer seine feine weiße Hand auf meine Schulter und fragte mich mit herzgewinnendem Ton: „Warum tun wir sprechen nicht miteinander?“

Mich durchzuckte das Wort. Und es soll auch den Leser durchzucken, wenn er so oft neben seinen Mitmenschen gesessen hat oder hergegangen ist, steif, kalt, wortkarg wie ein Ölgötze und wie eine Wachsfigur, bloß weil er den Betreffenden nicht kannte. Als ob man sich nicht einmal zuerst kennen lernen müsste!

Ich war durch die Frage des Engländers mit einem Schlage bekehrt und beichtete meinem Nachbarn alles, was in meinem Herzen vorgegangen war. Er lachte, aber er hatte mich nur halb verstanden, denn ich sprach deutsch und radebrechte englisch, und als er antwortete, verstand ich ihn nicht einmal halb, denn er sprach englisch und radebrechte deutsch. Aber der Mann, dessen herrliche Augen mir's bereits angetan hatten, ließ nicht nach. Er fragte, ob ich Latein verstehe, und offenbarte mir, dass er als Geistlicher der „Anglikanischen Kirche“ dieser Sprache mächtig sei.

Nun verriet ich ihm auch meinen Stand, durfte auch der deutschen Theologie keine Schande machen und antwortete ihm sofort frei und lustig mit lateinischen Worten, „dass ich bereit sei, auf diesem nicht mehr gewöhnlichen Wege mich mit ihm zu unterhalten“.

Nun, das ging, wie es ging. Mir saß das Latein wie ein ungewohnter Panzer, mein ehrwürdiger Nachbar verwechselte Akkusativ und Dativ nicht seltener als ich, aber er hatte den Vorteil, daß er's offenbar nicht merkte und geradeso selbstbewusst plauderte, als ob der große römische Redner Cicero in ihm steckte. Dagegen merkte ich, dass ich immer häufiger über meine ungeheuerlichen Satzbildungen errötete. Das kam nun nicht nur daher, dass viele Tischgenossen in unserer Nähe bewundernd auflauschten, als die ganz neue Sprache erklang – nein, es kam daher, dass ein Herr, der mir gerade gegenübersaß, erst spöttisch lächelte, dann sich wie verzweifelnd in die Lippen biss, dann, als er sich nicht mehr halten konnte, herausplatzte vor Lachen, dann sich entschuldigte und auf Deutsch zu mir sagte: „Verzeihen Sie mein Lachen, aber es war zu putzig. Das Latein der beiden Herren ist schier unwiderstehlich (oder sagte er: unausstehlich? Ich weiß es nicht mehr). Ich bin ein Philologe aus R. in Holland, und ich bitte, dass ich in Ihrem Bunde der Dritte sei."

Nun, Übelnehmen ist immer etwas Dummes, und hier wäre es mehr als dumm gewesen. Bei einer neuen Flasche Wein und mit Unterstützung des holländischen Sprachmeisters ging die Rede flott vonstatten. Das Thema war das erste Wort meines Engländers: „Warum tun wir nicht sprechen miteinander?"

Der Holländer meinte, das sei eine klassische Frage gewesen. „Ach", sagte er, „Menschen, die sich gegenseitig helfen könnten, dienen oder trösten und auf allerlei Weise bereichern könnten, die sitzen oft nebeneinander wie chinesische Götzen. Jeder langweilt sich, jeder hofft, der andere würde den Bann brechen, und so bleibt's beim Schweigen. Nachher aber, wenn man endlich und glücklich durchgebrochen ist, ärgert man sich, dass man es nicht eher getan hat."

Wir gaben dem neuen Freunde recht und verbrüderten uns, dass wir an unserem geringen Teil mithelfen wollten, die Brüderschaft aller Menschen darzustellen, wo es auch sei. Von nun an habe ich das getan und nie bereut, und dabei habe ich selber den größten Gewinn gehabt.

Ein Erlebnis im Kanton Wallis

Es geht gar oft im Leben so, dass wir uns mit heißer Sehnsucht nach einem Ding, das uns versagt ist, strecken und wer weiß wie glücklich zu sein meinen, wenn wir's hätten. Und siehe, wenn's uns nun ganz appetitlich und manierlich auf dem Präsentierteller angeboten wird, lässt es uns kalt und leer.

Das Gegenteil ist auch oft der Fall. Wir ängstigen uns vor einer Sache oder vor einem Ereignis, als ob's uns den Tod bringen würde. Wenn's dann aber wirklich eintritt, so sind viele unerwartete und köstliche Zutaten dabei, dass man Gott nur loben und ihm danken kann. Darum soll man nicht so viel wünschen und nichts fürchten, sondern Gott vertrauen und seinem Führen.

Arg enttäuscht wurde ich an einem heißen Julitage des Jahres 1876, als ich hoch oben auf dem „Verdeck" eines Omnibusses von Sion nach Vispach fuhr. Mit der Eisenbahn konnte man diese Strecke nicht befahren, weil sie zu jener Zeit noch durch ihre Abwesenheit glänzte. Diejenigen Leser aber, die ihre Geographie noch nicht vergessen haben, wissen jetzt schon, dass die Reise durchs Rhonetal ging, und zwar überwärts des Genfer Sees nach dem Simplon hin. O, wie viel hatte ich je und je von der Herrlichkeit dieser Gegend gehört! Wie oft hatte ich mich gesehnt, dieses altberühmte Tal einmal kennen zu lernen! Und nun, da ich diese Tour wirklich machte, hatte ich nur einen Wunsch, nämlich dass sie … zu Ende sei.

Warum ich aber dem Rhonetal so abhold war, das hatte nicht etwa seine Ursache darin, dass „schlechtes Wetter" war oder dass da nichts Rechtes zu sehen gewesen wäre. Im Gegenteil! Der Himmel war licht und blau, und – wie ich mich bei späterer Gelegenheit überzeugte – das Tal war sehr schön oder doch sehr interessant; und wäre es bloß dies, dass die alten Römer hier gewaltige Zeugen ihrer großartigen Kunst und Kultur hinterlassen haben.

Aber an dem Tage, von dem ich rede, habe ich nichts von allen diesen Herrlichkeiten gesehen. Und zwar erstens nicht, weil ich meine Augen fest zukniff, und zweitens nicht, weil wir in einer Staubwolke steckten, die jeden Durchblick verhindert hätte. Unser vierspänniger Riesenwagen nämlich, dem noch ähnliche teils folgten, teils vorausfuhren, wühlte einen solchen dichten und giftigen Kalkstaub auf, dass jeder, dem seine Augen lieb waren, auf den Gebrauch derselben verzichtete.

Endlich, endlich – es war nachmittags gegen fünf Uhr – waren wir in Vispach. Nach einem erquickenden Bade ging's bald am Rande der wildrauschenden Visp in das herrliche Zermatter Tal hinein. An meiner Seite wanderte ein dicker Schwabe, mit dem ich mich schon oben auf dem Omnibus „angefreundet" hatte. Wenn's irgend möglich ist, werbe ich mir auf meinen Fußreisen immer einen Schwaben zum Mitpilger. Mit diesen Landsleuten kann ich durchweg am besten kramen. Vielleicht kommt's daher, weil ich im schönen Schwabenland die schönste Zeit meiner Jugend verlebt habe.

Der aber, von dem ich jetzt spreche, gehörte weder zu den philosophisch-idealen noch zu den frommen Schwaben, denn er fluchte wie ein Kesselflicker bei jeder Gelegenheit und ohne jeden Anlass, um gar nicht davon zu reden, dass es zum Fluchen niemals einen Anlass gibt.

Als ich ihm (auf Grund meiner Studien in meinem Reisebuch) von all der Herrlichkeit, die im Schoß des vor uns aufgebauten Gebirges schlummerte, erzählte – als ich ihm über Schildhorn und Belferin, Matterhorn und Monte Rosa Bericht erstattete, verschwur er sich hoch und teuer, er wolle mit mir wandern, wenn es ihn auch viel Schweiß kosten würde. Dennoch aber ist, um das hier gleich zu bemerken, das Vollbringen hinter dem Wollen zurückgeblieben – was leider nicht nur bei Schwaben vorkommt.

Zum Abschied aber kam es folgendermaßen: Als wir just in Stalden einmarschieren wollten, begegnete uns ein ansehnlicher Herr, der auf einem Maultier ritt. Es war ein Engländer, aber einer von den wenigen, die ordentlich deutsch reden können, und von den noch selteneren, die einen anreden, ohne dass man ihnen vorgestellt ist. Er fragte uns also, ob wir vorhätten, in Stalden zu übernachten? Wir bejahten das kräftiglich und wiesen auf die freundlich winkende Herberge hin. Er aber lachte bitter wie einer, der schmerzliche Erfahrungen gemacht hat, und warnte uns ernstlich vor der Einkehr in dem Wirtshaus, das dazumal das Einzige war, das in Frage kommen konnte.

Trotzdem erklärte mein heldenhafter Schwabe, er bleibe dennoch da, und wenn auch der leibhaftige Teufel mitsamt seiner Großmutter in der Spelunke hause, „denn", so sagte er: „I will halt z'Nacht esse." (Ich will aber zur Nacht essen.)

Für mich war der Fall kritisch. Was jetzt tun? Das war die große Frage, die sogleich beantwortet werden musste. Fest stand es mir, dass ich in der „Räuberherberge" nicht übernachten könne. Die Frage, die ich entscheiden musste, war: „Soll ich zwei Stunden zurückgehen nach Visp oder vorwärts nach St. Nikolaus? – Aber welcher einigermaßen normale Mensch mag denn zurückgehen? So erwählte ich das Vorwärts. Das ist nun im Leben immer unbequemer als das Rückwärts, in meinem Falle hatte es aber seine ganz besonderen Haken.

St. Nikolaus ist nämlich volle drei Wegstunden von Stalden entfernt. Der einsame Fußpfad (einen Fahrweg gab es nicht, während es heute sogar eine elektrische Bahn gibt) führte durch das schaurig-wilde Visptal. Ich hatte keine Aussicht, auch nur einem einzigen Menschenkinde zu begegnen. Und wenn auch augenblicklich die Sonne noch hier und da in das Tal heruntergugte, so musste ich mir doch sagen, dass ganz bald, gerade in diesem Felsengrunde, die finstere Nacht hereingebrochen sein werde. Dazu ballten sich nach dem schwülen Tage furchtbare Gewitterwolken zusammen, die einem auch zu denken gaben.

Noch überlegte ich, da trat ein junger Mensch zu mir und fragte mich, ob er mein Führer sein dürfe. Er wolle mich und mein Ränzel für vier Franken sicher nach St. Nikolaus bringen. Das schlug durch. Der junge Walliser und ich waren bald handelseinig. Hat man erst eine Schwierigkeit überwunden, so wirft man die andere leicht hinterher. Ich verabschiedete mich von dem schwäbischen Wurstesser, nachdem wir noch erst einen Schoppen Landwein zusammen getrunken hatten. Ich gab ihm dabei wegen des Fluchens einen guten Rat, der hoffentlich auch auf guten Boden gefallen ist.

Bald wanderten mein neuer Reisegesell und ich fürbass, dem dunklen Tal, der dunklen Nacht und den zuckenden Blitzen entgegen.

Ich habe diesen Abend nicht vergessen.

Ich sehe alles noch so leibhaftig vor mir, dass ich es malen könnte, wenn ich malen könnte, was ich leider nicht kann: den Führer, den Weg und das Licht, das mir Rettung brachte.

Mein Führer war ein Walliser, ein kleiner, aber elastischer Geselle mit schwarzem gelocktem Haar und schwarzen blitzenden Augen. Seine Haut war gelbbraun, sein Gebärdenspiel äußerst lebhaft. Sein schlecht geflickter Anzug offenbarte, dass er weder Mutter noch Frau, noch Schwester zur Seite hatte. Auch mit dem Wasser schien er nicht gerade viel Bekanntschaft gemacht zu haben.

Überhaupt kann ich nicht sagen, dass der junge Mann sehr Vertrauen erweckend aussah. Er war zwar sehr lustig, aber es gibt eine Lustigkeit, die so beschaffen ist, dass sie einem Grauen macht. Und so war's hier. Der junge Mensch hatte zuweilen einen gar leichtfertigen und unheimlichen Blick. Das war mir zuerst aufgefallen, als ich in Stalden meinen Wein bezahlte und er mit kritischen, lauernden Augen meine Börse musterte.

Aber was tun? Ich war nun einmal in seiner Hand, also musste ich suchen, mich mit ihm gut zu stellen. Bald erfuhr ich, dass mein Führer den schönen Namen Polykarp trug. Nach dem Namen frage ich nämlich alle Mal einen Menschen, mit dem ich länger zusammen bin, und bei dem Namen, den ich erkundet habe, nenne ich ihn dann auch und also nicht: „Sie, Kutscher!", „Sie, Führer!", „Sie, Gepäckträger!" oder „Herr Ober!" Ich glaube, jeder Mensch, in dem das Gute noch nicht völlig erstorben ist, ist dankbar, wenn man ihn bei seinem Namen nennt. Man sollte das Ebenbild Gottes nie als eine Nummer, als einen „Menschen im Allgemeinen" behandeln, sondern als einen, der mit uns „auf dem Wege" ist!

Also mein Mitpilger hieß Polykarp, gerade wie der Bischof von Smyrna, der Schüler des Apostels Johannes, der im Jahre 165 seinen Christenglauben mit dem Tode auf dem Scheiterhaufen besiegelte. Leider hatte der gegenwärtige Polykarp mit seinem weltberühmten Kalenderpatron keine andere Ähnlichkeit als die des Namens, wie der Leser bald merken wird.

Und doch, er hatte noch eine zweite Ähnlichkeit. So wie der kleinasiatische Polykarp, so hatte auch dieser wallisische eine höchst merkwürdige Lebensgeschichte.

Ich bat meinen Führer, mir seine Lebensgeschichte zu erzählen. Wer Sinn hat für das Kleine, oder besser: Wer Sinn hat für das Große, das im Kleinsten verborgen liegt, der findet jede Lebensgeschichte interessant. Auch erzählt eigentlich jeder gern aus seinem Leben; denn nichts geht dem Menschen über sein Leben. In jedem Menschenleben, auch in dem unbedeutendsten, offenbart sich ein Gedanke des großen Gottes in der Höhe – ein besonderer Plan. Aber besonders interessante, ich meine buntbewegte Lebensläufe können doch manche Schweizer und zwar gerade die Schweizer der so genannten niederen Stände, zum Besten geben.

Polykarp fragte mich, ob er in französischer oder „dütscher", in italienischer Zunge oder im Walliser Patois seinen Bericht geben solle. Ich erwählte natürlich das Deutsche, und zwar nicht aus patriotischen Gründen, sondern weil ich keiner andern der genannten Sprachen genügend mächtig bin. Mein sprachkundiger Führer redete allerdings ein Deutsch, das so jammervoll und so mit Fremdwörtern durchflickt war, dass ich ihn oft zwei- bis dreimal in einem Satz unterbrechen und bitten musste, gefälligst sein Deutsch in Deutsch zu übersetzen. Aber schließlich verstand ich ihn doch.

„Können Sie noch den Kirchturm da oben auf der Alm sehen? Da liegt ein Dorf, das heißt Emd. In diesem Orte bin ich erzogen, wie man so zu sagen pflegt. Eigentlich bin ich aber in meiner

Jugend gar nicht erzogen, denn meine Mutter war zu bange vor mir, als dass sie mich geprügelt hätte, und irgendjemand anders hat sich nicht um mich gekümmert.

Ob ich in Emd auch geboren bin, weiß ich nicht, und wer mein Vater war, weiß ich auch nicht, Monsieur. Vielleicht hatte ich auch gar keinen", fügte er nach einer kleinen Pause mit bitterem und unheimlichem Lächeln hinzu. „Eins aber ist gewiss, dass ich nämlich in Emd die Gänse gehütet habe, und zwar schon von meinem achten Jahre an. Wissen Sie, Monsieur, das Dorf ist so steil und schief am Berge gelegen, dass sogar die Gänse dort Sporen tragen müssen, um nicht herunterzupurzeln. So sagt man wenigstens. Aber Ihnen, Monsieur, will ich im Vertrauen mitteilen, dass es nicht wahr ist. Ich muss das ja am besten wissen. Übrigens gab's bei dem Gänsehüten viel mehr Spaß, als man denken sollte. So habe ich auch einmal einen mächtigen Adler, der mir gerade ein Gänslein erwischen wollte, mit einem scharfen Stein so an den Kopf getroffen, dass ihm das Fliegen für alle Zeit verging. Ich brachte das tote Vieh dem Pfarrer, der war ein Liebhaber von ausgestopften Vögeln. Er zahlte mir für meinen Adler einen Franken. Nur einen Franken! Wissen Sie, die Geistlichen zahlen immer schlecht."

Ich bemerkte nun lächelnd, dass auch ich ein Geistlicher sei. „Ja, aber jedenfalls ein Protestant", bemerkte Polykarp rasch entschlossen. „Ich spreche natürlich nur von katholischen, wie sie hier im Kanton sind."

„Das wollte ich Ihnen auch raten, Polykarp!", erwiderte ich. „Aber nun weiter!"

„Gut, Herr! Meine Mutter, die natürlich arm war wie eine Kirchenmaus und sich alle Tage bei fremden Leuten abschinden musste, starb früh. Genau weiß ich's nicht, aber es war jedenfalls, noch ehe ich gefirmt war. Ich habe dann auch gebeichtet, bin zur heiligen Kommunion gegangen, habe ein heiliges Gesicht aufgesetzt – alles, wie es Mode ist. Aber in Emd litt mich's nicht länger. Es brauste in mir, und ich musste hinaus in die Welt. So bin ich denn hier und da herumgekommen und herumgestoßen im

Lande. Als ich's endlich zu einem anständigen Rock gebracht hatte, ging ich nach Genève, was die Deutschen Genf nennen. Hier nahm ich in einem feinen Hotel die Stelle als Hausknecht an. Das war nun so recht ein Posten für meine werte Person; denn das muss ich mir zur Ehre nachsagen: Ich wusste mit den Herrschaften umzugehen. So gab's denn Trinkgelder genug und auch manchen guten Schoppen zu trinken, der nichts kostete. Denn wissen Sie, Monsieur, der Wirt kann seine Augen nicht überall haben.

Aber das Glück war zu groß, und darum dauerte es nicht lange. Hören Sie nur: Eines Abends wurde ich beauftragt, einen Herrn zu wecken, der um vier Uhr morgens mit dem Frühzug nach Turin fahren wollte. Da ich ein gutes Gedächtnis hatte, schrieb ich mir die Nummer des betreffenden Zimmers nicht auf. Aber, o Jammer! Als ich um drei Uhr, etwas dämelig von den genossenen Getränken, aufstand, konnte ich mich schlechterdings nicht besinnen, welche Nummer es war, ja nicht einmal das Stockwerk wusste ich. Monsieur, auch der Klügste hat seine dummen Stunden ... Wahrlich, dies hier hatte mir der Teufel angetan, und alle Heiligen leisteten mir keine Hilfe, Monsieur.

Was nun tun? Ich denke schließlich in meiner Verzweiflung: Wecke aufs Geratewohl von Nummer 1 an, bis du an den Rechten kommst. Also ich stehe vor der Tür Nummer 1. Klopp! Klopp! ‚Es ist ein Viertel nach drei.' Antwort: ‚Was gibt's? Ist etwa ein Unglück geschehen? Ist Feuer ausgebrochen?' Ich: ‚Nein, nein, Monsieur! Aber es ist Zeit, aufzustehen. Sie wollten ja geweckt sein.' Antwort: ‚Geweckt? – Ich? – Ist mir nicht im Traume eingefallen. Und ich bin überhaupt kein Monsieur, Sie infamer ...', kreischte eine scharfe Damenstimme.

Das war ein böser Anfang. Ich versuchte nun mein Heil an der zweiten Tür und dann so weiter. Immer dasselbe Ergebnis. Aus jedem Zimmer heraus wurden gegen mich Unschuldigen die boshaftesten Reden geführt. Noch schrecklicher wäre es gewesen, wenn ich die Gesichter der wider ihren Willen geweckten Herrschaften hätte sehen müssen. Aber sie blieben zum Glück hinter den zugeschlossenen Türen, und so machte es mir nicht so großen Kummer.

Schließlich waren in dem ganzen Hotel nur noch wenige Personen übrig, die ich nicht geweckt hatte. Aber ich mochte nun doch nicht weiter klopfen, der Aufruhr wurde zu heillos. Auch war es für den Vier-Uhr-Zug bereits zu spät. – So geschah es denn, dass in jener unglückseligen Nacht gerade der nicht geweckt war, der geweckt sein wollte.

Nun, Monsieur, wenn Sie die Welt ein wenig kennen, können Sie denken, dass am andern Morgen das dicke Ende kam. Ja, das gab eine gute Suppe. Der Herr, der geweckt sein wollte, aber nicht geweckt worden war, und alle die Damen und Herren, die süß schlafen wollten, trotzdem aber geweckt worden waren – sie alle miteinander führten ein wahres Höllentheater auf. Sie schnaubten den Wirt an, was das für ein jammervolles Hotel sei – und was sie sonst für Liebenswürdigkeiten vorbrachten.

Der Wirt war in heller Verzweiflung. Er schellte wie besessen nach mir. Natürlich war ich erst nicht aufzufinden, aber endlich musste ich doch ans Tageslicht. Das Ende der Geschichte war natürlich, dass ich mit Schimpf und Schande aus dem Hause gejagt wurde. Ich musste der Sündenbock sein. – Sehen Sie, Monsieur", sagte Polykarp mit tragikomischem Gesicht, „die Welt ist schlecht, sehr schlecht! Man kann es halt niemandem recht machen."

Ich aber dachte auch mein Teil bei der Schnurre. Unter anderm, dass ich als Seelsorger auch so oft bei denen stark geklopft hatte, bei denen es noch gar nicht an der Zeit war, und andererseits aus Furchtsamkeit oder Trägheit an den Türen derer vorübergegangen war, die mir das Klopfen gedankt hätten.

„Ich stand also in Genf", so erzählte Polykarp weiter, „auf der Straße oder vielmehr: Ich lag darauf, denn ich war hinausgeworfen. Ich war wieder arm wie eine Kirchenmaus, denn der Lump von Wirt hatte mir mein Gehalt zurückbehalten, da ich sein Hotel so schwer geschädigt hätte. Erspart hatte ich mir aber auch nichts, da es in Genf so vielerlei Gelegenheit zum Geldausgeben gab.

Aber ein echter Walliser wirft die Flinte nicht so leicht ins Korn. Zumal ich nicht, denn ich war ein strammer Bursche und hatte auch dazumal gute Kleider. Ein Freund von mir, der auch Unglück gehabt hatte, wanderte also mit mir nach Italien.

So kamen wir auch nach Rom und ließen uns in die päpstliche Armee aufnehmen. Sie müssen nämlich wissen, Monsieur, dass damals der Heilige Vater noch eine Armee hatte, wenn's auch nur eine lumpige war. An einem hohen Sold fehlte es auch nicht, aber leider stand er nur auf dem Papier. Zum Zahlen kam es höchst selten. Der gute Heilige Vater war gewiss nicht schuldig daran, aber allerlei Schufte steckten das Geld, das für uns ausgeworfen war, in ihre eigenen Taschen. – Jeden Augenblick bekamen wir einen Segen vom Papst zugeschickt. Aber davon wird man nicht satt, Monsieur.

Endlich hatte auch diese Komödie ein Ende. Die Piemonteusen haben die heilige Stadt eingenommen, und wir mussten Gewehr bei Fuß zusehen. Das war Anno 70, als die Preußen den französischen Louis verhauen haben, sodass er dem Heiligen Vater nicht beistehen konnte.

Wir wurden alle miteinander entlassen, verstehen Sie, Monsieur, ohne Sold. Und seitdem hasse ich die Pfaffen und gehe in keine Kirche mehr. Die protestantische Religion ist auch besser, sage ich Ihnen, besser und frommer."

„Wieso?", forschte ich. „Na", schmunzelte er, „die Deutschen geben so einem armen Schlucker, wie ich bin, immer noch am ersten ein Trinkgeld, und die Deutschen sind fast alle Protestanten. Sie bekreuzen sich allermeist nicht, wenn man an einer ‚Mutter Gottes' oder sonst an einem ‚Herrgöttchen' vorbeigeht."

Ob nun die Erwähnung des Trinkgeldes das war, was man auf gut Deutsch einen „Wink mit dem Zaunpfahl" nennt, oder ob es nur die Äußerung eines unschuldsvollen kindlichen Herzens war, will ich hier, der Liebe wegen, nicht gründlicher untersuchen.

Polykarp selbst schwieg nach obiger Leistung eine kleine Weile, vermutlich, um die Wirkung seiner Rede abzuwarten. So fing ich denn an zu fragen. Zunächst: ob er denn nie daran gedacht habe, Protestant zu werden, da er doch der protestantischen Religion den Vorzug gäbe.

Über diese Frage, die ihn natürlich nur herauslocken sollte, war Polykarp noch mehr verwundert, als hätte ich ihn gefragt, ob er niemals vorgehabt habe, seine Beine in Flügel zu verwandeln.

Er setzte mir auseinander, die katholische Religion sei im ganzen Kanton Mode. Überdies würde ihn sein Onkel in Emd enterben, wenn er „umsatteln" wollte. Es sei ihm dergleichen aber auch noch nicht im Traume eingefallen. „Jeder muss bleiben, was er nun einmal ist! Das ist gerade wie mit der Haut."

Ich: „Wieso?"

„Wieso?", gab er mir verwundert über meine geringe Fassungskraft zurück, „nun so: Jeder Mensch hat seine Haut, und die muss er auch behalten. Wer weiß ist, muss weiß bleiben, wenn er sich auch zum Spaß einmal schwarz macht. Verstehen Sie jetzt, Monsieur?"

Nun freilich, ich verstand den gottlosen Gesellen. Aber ach! denken nicht Millionen Protestanten genauso wie dieser Katholik, wenn sie denken und sagen: „In unserer Familie ist die Muckerei keine Mode. Mit Beten, Bibellesen und Kirchenlaufen hat sich mein Vater niemals aufgehalten, also geht's mich auch nichts an." – Ja, der Familiengeist ist die eigentliche Religion der meisten Menschen. Sie sind nicht selbständig genug, um mit dem „alten Wandel nach väterlicher Weise" zu brechen.

Ich war allmählich recht still geworden. Und nicht zunächst wegen leiblicher Ermüdung, sondern weil es mich grauste in dieser Einsamkeit. Tief unten im schauerlichen Abgrund toste die wilde Visp. Man hörte sie nur; sehen konnte man nichts als zuweilen den weißen Gischt. Der sternenlose Himmel war ganz und gar von finsteren Wolken verhüllt. Einzelne schwere Tropfen fielen nieder, aber der heulende Sturm ließ es nicht zum wirklichen Regen kommen. Furchtbar rollte der Donner zwischen den gigantischen Bergen. Es war, als wenn ein Bergriese dem andern immer wieder die Wolken mitsamt den Donnern zuschöbe. Die

Finsternis war vollständig. Nur ab und zu erhellten weißblaue unheimliche Blitze die total menschenleere Gegend. Seit zwei Stunden hatte keine Seele unsern Weg gekreuzt. Das Kreischen der Raubvögel in der sturmbewegten Luft war der einzige Ton lebender Wesen, den wir hörten.

Aber im Grunde waren es nicht die Elemente, die mich schreckten. In der Beziehung bin ich von Natur ziemlich „hart gesotten". Aber dass ich allein war mit einem Menschen, für den die Worte Sünde, Schuld und Verantwortung offenbar nicht existierten – das machte mich grausen. Denn: war dieser Mensch, der keinen Gott hatte, nicht zu allem fähig?

Aber obgleich ich recht müde war, so hätte ich doch um alles in der Welt mein Haupt nicht in des Polykarps Schoß legen mögen. Nein, es grauste mir an seiner Seite, weil er keinen Gott hatte. Gewiss hätte ich meine Waffe bereitgehalten, wenn ich nur eine gehabt hätte. Ich dachte an Weib und Kind daheim, und ein leiser Schauer überlief mich, als ich mir klarmachte, wie leicht der gottlose Mensch mich ermorden, berauben und in den Abgrund stoßen könnte. Wer wollte ihm wehren? Wer sollte jemals seine Schandtat entdecken? Und warum sollte ein Mensch mit solcher Gesinnung nicht auf solchen Plan verfallen?

Dergleichen schien denn auch wirklich dem Polykarp durchs Gehirn zu schießen, denn plötzlich sagte er mit eisiger Stimme: „Monsieur, wenn Sie da hinunterpurzelten oder wenn ich Sie z.B. aus Versehen hinunterstieße, so kämen Sie da unten in der Visp als die reine Mehlpappe an. Aber ich glaube, dann bekäme ich als Führer einen Verweis – einen Verweis dafür, dass ich Sie nicht besser bewacht hätte." Der Verweis schien ihm das einzige Unglück bei der Sache zu sein.

Ich bemühte mich zu lachen, aber es war kein Humor dabei. Es währte nicht lange, da packte er wieder meinen Arm und sagte freundlicher: „Schauen Sie, Monsieur, da, halb links vor uns leuchten Lichter vom Hotel Nikolaus durch den Wald. Jetzt werden wir bald unsern Schoppen haben."

In der Tat, da war ein Schimmer. Nach kurzer Frist unterschied ich auch einzelne Lichter. Ich dankte Gott aus Herzensgrund, und zwar nicht in erster Linie um des Schoppens willen. Wie ein Gruß vom Himmel, ja wie ein rettender Hort erschienen mir die Lichter von St. Nikolaus. Jetzt konnte ich mit neuer Kraft ausschreiten.

Und nun endlich – ja leider jetzt erst! – besann ich mich auch auf meinen Evangelistenberuf. Ich meine nicht meinen Beruf als Pastor, sondern als Christ. Ich sagte meinem Führer von dem himmlischen Führer und von dem himmlischen Vaterhaus, wie das einmal den wahren Christenmenschen noch tausendmal heller entgegenleuchten würde als uns jetzt die Lichter der Herberge. Ich sagte ihm auf den Kopf, dass er zurzeit trotz aller seiner Lustigkeit doch ein ganz unglücklicher Geselle sei und dabei noch gar auf dem Wege in den Abgrund, daraus keine Rettung ist. Dann sprach ich mit ihm von Jesus, dem Heiland, und merkte zu meinem Entsetzen, dass er davon kaum etwas anderes wusste, als dass er der kleine Sohn der großen schönen Himmelskönigin sei. Er konnte sich den Heiland schlechterdings nicht anders denn als ein Kind vorstellen.

So war es mir denn eine große Freude, ihm von Jesus zu erzählen, von seinem Ruf an uns Menschen, von seiner Geduld, Sanftmut und Barmherzigkeit auch gegen die, die so weit abgekommen seien wie die Ehebrecherin, der Schächer und auch er – der arme Polykarp.

Doch diese frohe Botschaft schien den Polykarp wenig zu bewegen. Er war und blieb eiskalt und starr. Als ich ihm zu besserem, fernerem Unterricht ein Lukasevangelium, das ich in der Tasche hatte, anbot, wollte er es erst gar nicht nehmen. Der sonst so freche Mensch verschanzte sich dahinter, dass er nicht wisse, ob das ein von den Priestern erlaubtes Buch sei. Ich habe ihn aber stark im Verdacht, dass er mich für einen der knauserigen Heiligen hielt, die ihre Trinkgeldsverpflichtung durch Darreichung eines Traktätchens ablösen. Jedenfalls nahm er den Lukas ohne Umstände, als ich ihn wegen dieser großen Zukunftsfrage beruhigt hatte. Ich gab ihm nämlich in St. Nikolaus seinen bedungenen Lohn, also vier Franken dafür, dass er mich geleitet hatte, und dann noch einen Franken darüber dafür, dass er mich nicht „aus Versehen" in die Visp hinuntergestürzt hatte.

Als ich auf dem Flur des Wirtshauses Abschied von ihm nahm, war er ganz zutraulich und dankbar, fand auch, dass wir uns ganz „brillant" unterhalten hätten. Ich aber hatte das schmerzliche Gefühl, dass ich den Schlüssel zu seinem Herzen nicht gefunden hatte. War mein Schlüssel nicht der rechte, oder war das Schlüsselloch zurzeit noch verstopft? Ich weiß es nicht. Jedenfalls will ich nicht glauben, dass es überhaupt keinen Schlüssel für dieses Herz und kein Schlüsselloch an diesem Herzen gab. Denn wir sollen und wir wollen nie einen Menschen verloren geben.

Mich ergriff, als ich in meinem Schlafkämmerlein noch lange wach saß und über meine Pilgerfahrt sowie über den Mitpilger nachdachte, ein unendliches Mitleid mit dem armen Schelm, dem Polykarp. Ohne Vaterliebe, ohne Mutterliebe ohne Zucht und Liebe hatte er von Kindesbeinen an einen furchtbaren „Kampf ums Dasein" gekämpft. Um seine Seele hatte sich niemand ernstlich gekümmert. Durch seine Kirche hatte er, wie es schien, nur eine gewisse Dressur empfangen, die dem gescheiten Menschen zum Ekel war. Schwere Versuchungen ohne Zahl hatten ihn auf allen seinen Wegen umgeben. Rettende Hände hatte er aber nie gesehen. Was Wunder, wenn er geworden war, wie er geworden war!

Und was, so fragte ich mich, wäre wohl aus dir geworden, wenn du in den Schuhen des Polykarp aufgewachsen wärest? Ich schauderte bei dem Gedanken und dachte an mein Vaterhaus, an die Liebe und Weisheit meiner betenden Mutter, an alle freundlichen Führungen, an die vielen Fußspuren Gottes in meinen Lebenswegen. Und dankbar erhob ich meine Hände zu dem Gott, der mich je und je geliebt und mich zu sich gezogen aus lauter Güte. Aber ich musste auch inniglich beten für den armen Polykarp. Und ehe ich endlich einschlief, wurde ich von der freudigen Hoffnung erfüllt, dass ich ihn vielleicht doch noch im Vaterhause Gottes wieder finden würde.

Dir aber, lieber Leser, begegnet mein Polykarp auf allen deinen Wegen. Und ob der, der dir begegnet, noch viel tiefer gesunken sein sollte als mein Reisegeselle an der Visp, so vergiss doch nie, dass auch diese Seele teuer ist in Gottes Augen, denn vor ihm und bei ihm gibt es nicht die Unterschiede, die Menschen machen.

Kinderglaube reißt aus der Hölle

Letzthin ging ich von ungefähr – nein, nicht von ungefähr, denn sonst könnte ich es jetzt nicht erzählen –, ich ging also mit allerlei verdrießlichen Gedanken auf unserer schönen Humboldtstraße, und vor mir schritt mit noch verdrießlicheren Gedanken eine stattliche Wärterin. Zwei Kinder, ein Mädchen von fünf und ein Knabe von drei Jahren, waren ihrer Obhut empfohlen. Allein der Junge wollte nicht gehorchen, er kümmerte sich nicht um die Zurufe der Pflegerin. Da riss dieser die Geduld, und sie schrie mit zornglühendem Gesicht: „Kurt, wenn du nicht gleich auf dem Fußweg gehst, so kommst du in die Hölle!"

Und siehe, der kleine hanseatische Kurt glaubte dem Zeitgeist zum Trotz noch an eine Hölle, denn er fing jämmerlich an zu heulen. „Nicht in die Hölle, nicht in die Hölle!", klagte er unter heißen Tränen.

Als nichtsdestoweniger die Wärterin auf ihrem Stück bestand, kam die fünfjährige Marie, legte ihren kleinen Arm weich und zärtlich um den Speckhals des weinenden Höllenbruders und sagte ihm leise: „Sei nur still, lieb Kürtchen, wenn Meta dich auch in die Hölle schmeißt, dann holt dich unsere Mama wieder heraus!"

Mir lachte das Herz im Leibe. Und meine verdrießlichen Gedanken waren verschwunden, ich weiß nicht wohin, meinetwegen in die Hölle! Der Junge aber war heraus, denn er glaubte, dass seine Mutter nicht nur die Liebe, sondern auch das Zeug dazu habe, ihn herauszuholen.

Wir wollen hier nicht davon sprechen, wie falsch und nichtswürdig es ist, wenn man Kinder so leichtfertig mit Hölle, Teufel und allerlei finsteren Mächten schreckt. Nein, die rührende und ergreifende Zuversicht Mariechens, dass Mama ihr Brüderchen auch aus der Hölle herausholen könne und werde, dieser unerschütterliche Glaube des Kindes zu seiner Mutter machte mir so lustige Gedanken. Und wiederum dachte ich: „Werdet wie die Kinder!“ Sie trauen ihrer Mutter leicht zu viel zu und fahren dennoch nicht schlecht dabei. Wir aber trauen alle Mal Gott zu wenig zu, und darum sind wir auch so arm an Friede und Freude, zumal wenn's recht in die Wirrnisse und Finsternisse des Lebens hineingeht.

Das Bekenntnis meines Lebens

Jesus ist die einzige Lösung aller schweren Fragen und Rätsel des Menschenherzens, und es gibt keine Frage, die er nicht löst. Wem das eintönig erscheint, dem muss es auch eintönig vorkommen, dass dieselbe Sonne es ist, die mit ihren Strahlen jeden Berg und jedes Tal, jeden Sumpf und jede See, jede Wüste und jedes Paradies bis an die äußersten Enden der Erde beleuchtet, wenn sie nicht finster und tot bleiben sollen.

Ja, das weiß ich und könnte auf diese Wissenschaft meinen Kopf lassen, dass kein Tal dieser Welt so schaurig, so tief und finster ist, dass Jesus es nicht mit Sonnenschein erfüllen könnte und wollte. Und darum ist mein Herz allezeit fröhlich und guter Dinge, falls ich nur (was leider durchaus nicht immer geschieht) mich allezeit nahe zu ihm halte. Und die Welt und alles, was darinnen ist, ist mir erst reich und schön geworden, seit ich das „Schönster Herr Jesu“ aus dem Herzen singen gelernt habe.

Denn ich fühle eine neue Welt in mir, wenn ich glaubensvoll den gekreuzigten und auferstandenen Christus anschaue. Ich fühle dann die unendliche Tiefe meines Verderbens wie nie zuvor und dennoch die felsenfeste Gewissheit des göttlichen Vergebens. Ich fühle gerade hier die absolute Unfähigkeit, mir selbst in meinem Jammer zu helfen, und doch schaue ich mit beglücktem Auge den Sieg des Lichtes über alle meine Finsternisse.

Und was auch immer mein Herz bewegt von Leid und Weh, von Neid und Zorn, von Angst und Grauen – hier löst sich alles auf in Trost, Liebe, Frieden und Hoffnung. Dies ist mein Beweis für das Kreuz und seine Kraft.